基于税收视角的
湖南民营经济高质量发展研究

刘 静／著

湖南大学出版社
·长沙·

图书在版编目（CIP）数据

基于税收视角的湖南民营经济高质量发展研究／刘
静著. -- 长沙：湖南大学出版社，2025. 5. -- ISBN
978-7-5667-4013-7

Ⅰ. F127.64

中国国家版本馆 CIP 数据核字第 2025H2Q912 号

基于税收视角的湖南民营经济高质量发展研究
JIYU SHUISHOU SHIJIAO DE HUNAN MINYING JINGJI GAOZHILIANG FAZHAN YANJIU

著　　者：刘　静
责任编辑：刘雨晴　胡戈特
印　　装：长沙创峰印务有限公司
开　　本：710 mm×1000 mm　1/16
印　　张：13. 5
字　　数：191 千字
版　　次：2025 年 5 月第 1 版
印　　次：2025 年 5 月第 1 次印刷
书　　号：ISBN 978-7-5667-4013-7
定　　价：59. 00 元

出 版 人：李文邦
出版发行：湖南大学出版社
社　　址：湖南·长沙·岳麓山
邮　　编：410082
电　　话：0731-88822559（营销部），88821327（编辑室），88821006（出版部）
传　　真：0731-88822264（总编室）
网　　址：http://press.hnu.edu.cn

目　次

第一章　绪　论 ……………………………………………… 1

　　第一节　研究背景 ………………………………………… 5

　　第二节　研究意义 ………………………………………… 8

　　第三节　研究方法和研究内容 …………………………… 10

第二章　促进民营经济高质量发展的相关理论 …………… 11

　　第一节　促进民营经济高质量发展的相关概念 ………… 12

　　第二节　促进民营经济高质量发展的经济税收理论 …… 25

　　第三节　税收支持民营经济高质量发展的作用机理 …… 36

第三章　我国民营经济发展的历史脉络 …………………… 51

　　第一节　中华人民共和国成立初期民营经济的发展 …… 52

　　第二节　改革开放以来民营经济的发展 ………………… 56

　　第三节　党的十八大以来民营经济发展的新局面 ……… 62

第四章　湖南民营经济发展状况研究 ……………………… 71

　　第一节　湖南民营经济发展的历史脉络 ………………… 72

　　第二节　湖南民营经济发展的基本特点 ………………… 72

　　第三节　湖南民营经济发展现状 ………………………… 75

　　第四节　湖南经济税收发展面临的挑战 ……………………………… 85

第五章　基于税收视角的湖南旅游业发展研究 …………………… 91

　　第一节　近年湖南旅游业发展的基本状况 ……………………… 92

　　第二节　我国旅游业发展走向分析 ……………………………… 93

　　第三节　促进湖南旅游业发展的税收思路与建议 ……………… 94

第六章　基于税收视角的湖南汽车产业发展研究 ………………… 97

　　第一节　湖南汽车产业发展现状 ………………………………… 98

　　第二节　湖南汽车产业面临的机遇与挑战 ……………………… 104

　　第三节　助推湖南汽车产业高质量发展的思路对策 …………… 114

第七章　基于税收视角的湖南医药制造业发展研究 ……………… 121

　　第一节　湖南医药制造业发展的比较分析 ……………………… 122

　　第二节　湖南医药制造业发展中存在的问题 …………………… 129

　　第三节　促进湖南医药制造业高质量发展的建议 ……………… 134

第八章　基于税收视角的湖南机械制造业发展研究 ……………… 141

　　第一节　湖南机械制造业发展状况 ……………………………… 142

　　第二节　湖南机械制造业发展存在的问题 ……………………… 146

　　第三节　湖南机械制造业面临的挑战、机遇及对策 …………… 148

第九章　基于税收视角的湖南工业发展研究 ……………………… 153

　　第一节　湖南工业在中部地区的发展形势 ……………………… 154

　　第二节　湖南工业发展分布特点 ………………………………… 158

　　第三节　湖南工业发展存在的问题 ……………………………… 161

　　第四节　促进湖南工业高质量发展的建议 ……………………… 163

第十章　基于税收视角的湖南建筑业发展研究 ················ 167

　　第一节　湖南建筑业在中部地区的发展形势 ············· 168

　　第二节　湖南建筑业发展现状 ······················ 170

　　第三节　湖南建筑业发展面临的瓶颈 ················· 175

　　第四节　促进湖南建筑业高质量发展的建议 ············· 178

第十一章　基于税收视角的湖南上市企业发展研究 ········· 181

　　第一节　中部地区上市公司发展现状 ················· 182

　　第二节　湖南上市公司发展面临的挑战 ··············· 188

　　第三节　壮大湖南上市公司的建议 ··················· 191

第十二章　促进湖南民营经济高质量发展的对策建议 ········· 195

　　第一节　改善湖南民营经济的发展环境 ··············· 196

　　第二节　加强对民营企业发展的法治保障 ·············· 199

　　第三节　强化各种要素支撑 ························ 201

参考文献 ··· 206

后　记 ··· 208

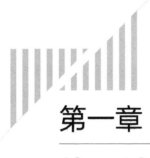

第一章

绪　论

　　民营，是相对于官营、公营、国营而言的。在较长一段时间里，民间乃至官方普遍将民营等同于私营。随着经济发展和经济业态愈加复杂，对于股份制企业姓"私"还是姓"公"等问题，出现了更多不同的意见，表明这一简单的企业性质划分方式已然不适应形势发展的要求。改革开放以来，国内学术界就民营经济概念兴起、概念停用、概念界定为焦点展开过三次集中讨论①。本书采用产权界定的原则，即区分民营经济和非民营经济的关键在于是否属于非公有制经济。基于此，广义的民营经济是除了国有和国有控股经济以外的所有制形态；狭义的民营经济包括个体工商户、私营企业、外资企业、乡镇企业、民营科技企业、股份合作制企业、国有民营企业等。这些经济成分有的是相互包容和交叉的，如乡镇企业、民营科技企业中既有个体、私营企业，也有股份合作制企业。

　　民营经济作为一种客观经济形态由来已久，长期以来在理论层面存在概念厘清程度不足的情况。产权结构、产权效率、所有权与经营权的调整与改革贯穿于我国的经济建设之中。我国的经济发展史，实则也是逐渐消除经济体制改革的障碍，国有经济改革和民营经济发展交织起伏的演进史。

　　中华人民共和国成立之后，民营经济经历了一段沉浮消长、从有到无再从无到有的历史过程。20世纪50至70年代，伴随着社会主义"三大改造"任务的完成和社会主义生产资料公有制的确立，民营经济基本在国内消失，公有制经济在我国占据绝对主体地位。改革开放以后，伴随着个体经济、私营经济等非公有制经济法律地位的确立，民营科技企业的兴起、现代企业制度和企业经济管理模式的转变，民营企业在国民经济中作用和地位的日益凸显。对民营经济作用和地位的认识，经历了从"社会主义经济必要的和有益的补充"到"社会主义市场经济的重要组成部分"，再到"我国经济制度的内在要素""推进中国式

---

　　① 程霖，刘凝霜. 经济增长、制度变迁与"民营经济"概念的演变[J]. 学术月刊，2017(05)：59-73.

现代化的生力军""高质量发展的重要基础""推动我国全面建成社会主义现代化强国、实现第二个百年奋斗目标的重要力量"等阶段。

党的十八大以来，以习近平同志为核心的党中央始终重视民营经济发展，在新的时代背景和发展要求下，对民营经济的地位作用有了新的判断和新的评价，并提出了一系列新思想、新观点、新论断，推出了一系列推动民营经济发展的重大政策举措。

2015年5月，习近平总书记在中央统战工作会议上讲话指出："促进非公有制经济健康发展和非公有制经济人士健康成长，要坚持团结、服务、引导、教育的方针，一手抓鼓励支持，一手抓教育引导，关注他们的思想，关注他们的困难，有针对性地进行帮助引导，引导非公有制经济人士特别是年轻一代致富思源、富而思进，做到爱国、敬业、创新、守法、诚信、贡献。"

2016年3月，习近平总书记看望全国政协民建、工商联界委员时，指出："非公有制经济在我国经济社会发展中的地位和作用没有变，我们毫不动摇鼓励、支持、引导非公有制经济发展的方针政策没有变，我们致力于为非公有制经济发展营造良好环境和提供更多机会的方针政策没有变。"

2018年9月，习近平总书记在考察辽宁忠旺集团时，强调："改革开放以来，党中央始终关心支持爱护民营企业。我们毫不动摇地发展公有制经济，毫不动摇地鼓励、支持、引导、保护民营经济发展。现在的很多改革举措都是围绕怎么进一步发展民营经济，对这一点民营企业要进一步增强信心。我们要为民营企业营造好的法治环境，进一步优化营商环境。党的路线方针政策是有益于、有利于民营企业发展的。民营企业也要进一步弘扬企业家精神、工匠精神，抓住主业，心无旁骛，力争做出更多的一流产品，发展一流的产业，为实现'两个一百年'目标作出新的贡献。"

2018年11月，习近平总书记在民营企业座谈会上指出："民营经济是我国经济制度的内在要素，民营企业和民营企业家是我们自己人。民营经济是社会主义市场经济发展的重要成果，是推动社会主义市场经济发展的重要力量，是推进供给侧结构性改革、推动高质量发展、建设现代化经济体系的重要主体，也是我们党长期执政、团结带领全国人民实现'两个一百年'奋斗目标和中华民族伟大复兴中国梦的重要力量。在全面建成小康社会、进而全面建设社会主义现代化国家的新征程中，我国民营经济只能壮大、不能弱化，不仅不能'离场'，而且要走向更加广阔的舞台。……在我国经济发展进程中，我们要不断为民营经济营造更好发展环境，帮助民营经济解决发展中的困难，支持民营企业改革发展，变压力为动力，让民营经济创新源泉充分涌流，让民营经济创造活力充分进发。"

2020 年 9 月，习近平总书记对做好新时代民营经济统战工作作出重要指示，强调："改革开放特别是党的十八大以来，民营经济统战工作不断加强和完善，在服务党和国家中心工作中发挥了重要作用。非公有制经济是社会主义市场经济的重要组成部分，促进非公有制经济健康发展和非公有制经济人士健康成长具有十分重要的意义。"

2023 年 2 月，习近平总书记在《求是》杂志发表重要文章《当前经济工作的几个重大问题》，指出："始终坚持社会主义市场经济改革方向，坚持'两个毫不动摇'。一是深化国资国企改革，提高国企核心竞争力。二是优化民营企业发展环境，促进民营经济发展壮大。"

2023 年 3 月，习近平总书记在看望参加政协会议的民建、工商联界委员时强调："民营经济是我们党长期执政、团结带领全国人民实现'两个一百年'奋斗目标和中华民族伟大复兴中国梦的重要力量。我们始终把民营企业和民营企业家当作自己人，在民营企业遇到困难的时候给予支持，在民营企业遇到困惑的时候给予指导。……要加强思想政治引领，引导民营企业和民营企业家正确理解党中央关于'两个毫不动摇''两个健康'的方针政策，消除顾虑，放下包袱，大胆发展。……中国式现代化是全体人民共同富裕的现代化。无论是国有企业还是民营企业，都是促进共同富裕的重要力量，都必须担负促进共同富裕的社会责任。民营企业家要增强家国情怀，自觉践行以人民为中心的发展思想，增强先富带后富、促进共同富裕的责任感和使命感。"

2023 年 7 月 14 日，中共中央、国务院颁发《中共中央 国务院关于促进民营经济发展壮大的意见》文件，明确提出优化民营经济发展环境，依法保护民营企业产权和企业家权益，全面构建亲清政商关系，使各种所有制经济依法平等使用生产要素、公平参与市场竞争、同等受到法律保护，引导民营企业通过自身改革发展、合规经营、转型升级不断提升发展质量，促进民营经济做大做优做强，在全面建设社会主义现代化国家新征程中作出积极贡献，在中华民族伟大复兴历史进程中肩负起更大使命、承担起更重责任、发挥出更大作用。

每当民营企业遇到不确定性的关键时刻，党中央和政府总会通过不同方式向民营企业释放积极信号，稳定民营企业家的情绪，促进民营企业的稳步发展。基于以上背景，认真总结习近平总书记关于民营经济的讲话精神，厘清民营经济的重大理论和实践问题，以促进民营经济特别是中小微民营企业的健康发展，非常有必要。

第一节 研究背景

一、我国民营经济基本概况

在整个国民经济体系中，民营经济是拉动国民经济增长的重要力量。其发展事关社会主义现代化强国建设目标的实现，是助推我国经济实现高质量发展的重要力量。民营经济对国民经济的重要性被概括为"56789"：民营经济贡献了我国 50%以上的税收，60%以上的 GDP（国内生产总值），70%以上的技术创新成果，80%以上的城镇劳动就业，90%以上的企业数量。在引领消费增长、吸纳稳定就业、促进就业转化、推进科技创新、稳定对外贸易等方面作出了突出贡献。

根据全国工商联发布的《中国民营企业社会责任报告（2023）》，2022 年，民营企业数量已占据我国企业总数的 90% 以上，贡献了我国企业税收的56.9%。民营企业在专利申请数、发明专利数量和有效发明专利数量中的占比都在 80% 左右。我国发明专利授权量排名前 10 位的企业中，民营企业占据 7席。2023 年上半年，我国民营经济发展持续恢复向好，展现出较强的韧性和活力。其中，民营企业进出口 10.59 万亿元，同比增长 8.9%，增速高于整体6.8 个百分点，占进出口总值的比重提升至 52.7%，拉动外贸整体增长 4.4 个百分点。民营企业出口高新技术产品 1.24 万亿元，增长 5.4%，占我国同类产品出口比重提升 5.7 个百分点，达到 44.7%。新设个体工商户 1136.5 万户，同比增长 11.3%，登记在册个体工商户 1.19 亿户，在第三产业占比 89.0%。

截至 2023 年 9 月底，湖南省共登记注册民营经营主体 669.4 万户，其中民营企业 166.2 户、个体工商户 503.2 万户。2022 年，湖南省民营经济实现增加值 3.39 万亿元，全省百强民营企业吸纳就业人数达到 64.51 万人。2023年，湖南省民营经济增加值为 3.44 万亿元，同比增长 4.5%。2023 年一季度，湖南省民营经济主要行业稳中有进，实现增加值 7776.81 亿元，同比增长3.9%，增加值占地区生产总值的比重为 66.7%；第一产业同比增长 2.1%，第二产业增长 3.1%，第三产业增长 4.7%。其中，工业、批发零售业和服务业发挥了重要支撑作用。工业同比增长 3.6%，批发零售业增长 5.1%，交通运输、仓储和邮政业增长 4.4%，金融业增长 6.8%，其他服务业增长 6.0%。全省民营经济区域协同发展态势良好。长株潭地区民营经济增加值 3252.14 亿元，占全省民营经济总量的 41.8%。全省各市州民营经济增加值保持稳定增长，岳阳、邵阳和永州增速居前三位。①

二、我国民营经济发展面临的挑战

1. 民营经济面临的外部影响日益复杂

近年来，美国在经济、技术和军事等方面对我国实施围堵脱钩政策，加之全球范围内经济萧条尚未触底，我国民营经济发展面临较为严峻的挑战。美国试图通过与我国的经贸脱钩，把我国引入与之"冷战"的局面。自特朗普政府2019年提出全面脱钩策略，到拜登政府2021年提出精准脱钩策略，中美两国的经贸冲突已不可避免。但到目前为止，这条经贸脱钩之路美国走得并不顺利，究其原因离不开我国民营企业作出的巨大贡献。我国以民营企业为主体的中小微企业，生产的大多是民生用品，美国及欧洲发达国家对此依赖性较高。在高新科技领域，美国正在全力遏制我国发展，但其对我国众多民营企业则有心无力，无法完全脱钩。因此，当前美国采取的措施是鼓励本国相关行业和企业迁移至东南亚、墨西哥等经济欠发达地区发展。从事民生用品生产的我国民营企业，目前在国际上的竞争优势还比较明显，有较大的提升空间。其所面临的主要威胁，主要来自老挝、缅甸、泰国、墨西哥等发展中国家的同业竞争。

2. 民营经济面临的内部压力日益增大

中小微企业是民营经济的主体。2018年11月，习近平总书记在民营企业座谈会上指出："一些民营企业在经营发展中遇到不少困难和问题，有的民营企业家形容为遇到了'三座大山'：市场的冰山、融资的高山、转型的火山。"与国有经济相比，绝大多数民营企业处于市场的末端，面临着快速变化的竞争环境和创业要求。对于普遍处于资金链、价值链、产业链下游的民营企业，其在获得经营所需的土地资源和资金支持方面的压力非常大，对于成本上涨所带来

---

① 本书数据来源无特殊说明的，均为税务系统内部数据。

的压力也十分敏感。不少制造业领域的中小微民营企业还面临招工难、用工荒等问题。此外，政商环境也会给民营经济的落户发展带来影响。尽管不少领域在政策上允许民营经济进入，但在民营企业投资过程中，有的政策措施在起草时未按照要求开展公平竞争审查，在市场准入、要素获取、政府采购、招标投标、奖励补贴等方面对民营企业进行隐性的歧视性差别对待。实际上民营企业仍会遇到"玻璃门""弹簧门""旋转门"等问题，研发出的产品进入市场的困难仍然不小。

第二节　研究意义

一、激发动力，优化民营经济发展环境的需要

构建高水平的社会主义市场经济，需要持续优化稳定公平透明的市场发展和社会投资环境，充分激发民营经济的投资热情和经营活力。目前，民营经济在市场准入方面还存在一定壁垒。如少数地区和部门通过备案、注册、年检、认定、认证、指定、要求设立分公司等方式设定或变相设定准入障碍，或设置缺乏法律许可和法律依据的行政审批事项和变相抬升审批标准。在市场竞争方面，还存在一定程度对民营经济的市场歧视，不能做到一视同仁和平等对待。少数地区和部门缺乏信用约束机制，或随意违约、拖欠账款，或拒不履行司法判决裁定等。这些情况的存在，不利于优化民营经济发展环境建设，严重影响到民营经济健康发展。开展相关研究，有助于深入分析问题症结，进一步推动营商环境的治理。

二、精准施策，加大民营经济支持力度的需要

民营经济的健康发展，有赖于国家政策的有力支持。开展民营经济相关研

究，有助于各级党委和政府精准制定各类支持政策，完善政策的执行方式，加强政策之间的协调配合，及时回应民营实体的利益诉求。比如针对当前民营实体融资难、融资门槛高等情况，可以拓宽融资渠道，降低融资成本，引导民营企业发行科技创新公司债券，支持降低上市融资和再融资的门槛。又比如治理拖欠账款问题，实际工作中存在机关、企事业单位以内部人员变更或等待竣工、验收批复、决算审计等理由，拒绝或延迟支付民营企业垫付工程价款等情况，这需要深入开展研究，对症施策，进一步完善现有状况下的拖欠账款常态化预防和清理机制。

三、稳定预期，强化民营经济法治保障的需要

透明公开的法治环境，是维护各类所有制经济实体平等发展、为民营经济发展营造良好稳定预期的重要保障。在实际操作中，存在政府或执法部门利用行政或刑事手段干预经济纠纷，超权限、超范围、超数额、超时限查封、扣押、冻结民营企业财产的情况，难以有效保护民营企业产权和企业家权益。对中小微民营企业原始创新保护力度不足，存在对侵犯商业秘密、不正当竞争等行为打击不力的情况。在执法过程中，存在选择性执法和让企业"自证清白"式监管。这些不规范、不合法、不正当执法行为，存在深层次的制度原因，需要更进一步的深入研究。

四、做强实体，推动民营经济高质量发展的需要

当前，民营企业特别是中小微民营企业在法人治理结构方面还很不完善，尚没有建立合规经营、科学制衡、行为规范的现代企业制度。多数民营企业的风险防范意识淡薄，风险管理能力较弱。同时，国家对民营企业加强基础性前沿性研究和成果转化等方面的支持力度还有待加强。民营企业与高等院校、科研院所合作研发、技术联合攻关的培育机制尚不健全，引导民营经济参与重大

工程和补短板项目建设机制尚不清晰等。这些都需要开展相关研究，结合相关理论深入分析，并提出对策。

第三节　研究方法和研究内容

本书根据历年的《中国统计年鉴》、2018 年至 2023 年《中国税务年鉴》和《湖南统计年鉴》中的税收经济数据，采用对比研究法、实证研究法、数据分析法等，深入探讨湖南省民营经济产业的特点和优势，识别影响其高质量发展的短板，并提出相应的政策建议。本书主要研究目的是激发湖南民营经济的发展动力，优化其发展环境，精准施策以加大支持力度，稳定市场预期，强化法治保障，并推动湖南民营经济实现高质量发展。

具体而言，本书首先分析了促进民营经济高质量发展的相关理论。其次回顾了我国民营经济发展的历史脉络，梳理了从新中国成立初期到党的十八大以后民营经济的发展历程及其在不同时期的政策环境。接着进一步分析了湖南省民营经济的具体发展状况，包括其在经济增长中的贡献、城乡和区域发展的差异，以及面临的挑战。此外，本书还从税收视角出发，探讨了湖南省旅游业、汽车产业、医药制造业、机械制造业、工业、建筑业和上市企业等的发展现状、面临的机遇与挑战，并提出了针对性的发展建议。最后，本书总结了促进湖南省民营经济高质量发展的对策建议，包括改善发展环境、加大政策支持力度、推动产业升级转型等，旨在为湖南省民营经济的持续健康发展提供理论支持和政策指导。

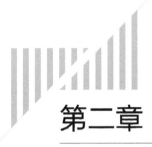

第二章

促进民营经济高质量 发展的相关理论

第一节　促进民营经济高质量发展的相关概念

一、民营经济

（一）民营经济的范围界定

1995 年《中共中央、国务院关于加速科学技术进步的决定》中，首次正式出现"民营科技企业"一词。随后，"民营企业"逐渐扩展为"民营经济"。关于民营经济的概念和范围，王磊将其归纳为以下三个层次[①]：

1. 基于生产资料所有制性质视角界定"民营经济"

该观点认为，民营经济即非公有制经济。黄文夫指出，民营经济主要指个体、私营经济，即非公有制经济[②]。茅于轼等认为，民营经济实质上是非国有经济，并将民营经济的范围进一步扩展，增加了外资、合资、集体所有制、股份公司中的个人股份等[③]。刘伟指出，狭义的民营经济本质上就是私有经济，基于某些意识形态方面的原因，人们习惯用"民营经济"代替"私有经济"；具体来说，民营经济包括个体户、私营企业以及以私人股份为主的公司等[④]。刘怀山认为，民营经济即"除外商独资外的非公有制经济"，包括个体经济、私营经济和民间资本控股的混合制经济[⑤]。吴玲蓉认为，"民"是指国民，"营"是指经营权，民营经济是指"在我国境内依法设立的，除去国有及国有控股、港澳台投资、外商投资的经济以外的经济形式，即包括除国有经济、港澳台经济、外

---

① 王磊. 推动民营经济高质量发展的制度创新研究[D]. 北京：中国社会科学院研究生院，2019.
② 黄文夫. 走向 21 世纪的中国民营经济[J]. 管理世界，1999(06)：135-143.
③ 茅于轼，张玉仁. 中国民营经济的发展与前景[J]. 国家行政学院学报，2001(06)：43-49.
④ 刘伟. 迎接知识经济时代，决胜 2000 年——企业经营管理讲座连载（三）产权理论与企业制度创新[J]. 首都经济，2000(02)：34-36.
⑤ 刘怀山. 中国民营经济发展模式的制度经济学分析[D]. 西安：西北大学，2009.

资经济以外的所有集体经济、股份制经济、个体经济、私营经济及其他非公有制经济形式"①。

2. 基于具体经营者视角界定"民营经济"

该观点认为，只要经营主体是"民"，就属于民营经济的范畴。比如，韩云、木志荣认为，民营与国营对应，私营与公营对应；私营经济、非国有经济不能直接与民营经济画等号，其范围和内涵都比民营经济狭窄一些②③。晓亮认为，民营经济不等于私营经济，而是指以民为本的经济。现实中，广义的民营经济通常包括"个体与私营经济、乡镇企业、民营科技企业、股份合作制企业、外商投资企业中国家不控股的外资经济、股份制企业中国家不控股的企业和国有民营、公有民营企业等七种"，并以前四种为主体④。钟丽丽认为，现阶段我国的民营经济是指"除国家及其代理机构直接经营管理的国营经济以外，即由个人、家庭、社会团体等民间力量及其他非政府组织经营管理，独立担当市场风险和承担民事责任的各种经济形式的总称，私营经济和非官方的社团、社会群体经营管理的公营经济都包含在内"⑤。

3. 基于所有制性质和经营主体等多个视角综合界定"民营经济"

该观点认为，应从多个角度对"民营经济"加以综合界定，如果只从所有制的角度或经营主体的角度来理解和划分有失偏颇。阳小华认为，应把"民营经济"改为"民有经济"；"民有经济"实质在于"为民所有"并且"由民掌握控制权自主经营"，是包含公有和私有的混合所有制经济⑥。也有学者认为任何一种经济形式都既体现一定的所有制形式，又体现一定的经营方式，所以，单从所有

①　吴玲蓉. 我国民营经济发展中的主要问题与对策研究[D]. 上海：华东师范大学，2012.

②　韩云. 试论发展民营经济中的政府行为[J]. 无锡轻工大学学报(社会科学版)，2001(04)：333-336.

③　木志荣. 对民营经济概念的修正[J]. 云南财贸学院学报，2002(05)：81-85.

④　晓亮. 正确界定民营经济[J]. 经贸导刊，2003(03)：7-8.

⑤　钟丽丽. 制度障碍——当前我国民营经济发展的考察[D]. 桂林：广西师范大学，2016.

⑥　阳小华. 民营经济内涵问题探析[J]. 江汉论坛，2000(05)：38-40.

制形式理解民营经济也是错误的。孙西克认为，民营不能与民营经济混同，即从经营方式来看，民营具体包括国有民营、民有民营、混合所有制民营，从经济形式来看，民营经济既涉及经营方式又涉及所有制形式[①]。秦海林认为，民营经济的内涵在不断地丰富和发展，"不应仅仅从某个角度去理解，而应该从几个角度去理解"，并基于语言学中的一般规则、社会经济运动的基本现实、经济体制改革要求等几个方面，指出民营经济的范围涵盖了大部分公有制和全部非公有制经济。[②]

因此，若将民营经济按其范围进行排序，由大到小通常依次为：基于具体经营者视角的"非国有国营经济"、基于生产资料所有制性质视角的"非公有制经济"、基于所有制性质和经营主体等多个视角的"私营经济"以及"民有民营经济"。

从"民"和"营"的含义来界定，只要是由我国公民经营或控股经营的企业都属于民营经济的范畴。当前，民营经济普遍被认为是"除国营或官营以外的由我国公民经营、控股经营的经济"，具体包括国有民营的经济、集体所有民营的经济、私有经济、个体经济外资民营的经济以及混合所有制的民营经济。随着改革的不断深入，我国基本经济制度不断发展与完善，民营经济的具体范围也相应地得到发展与丰富。

(二)民营经济的特征与作用

从经济管理视角来看，民营经济的基本特征主要表现在两个方面：一是从产权关系上看，具有产权主体多元化、产权明晰、经营机制灵活和创新意识强等特征。二是从经营机制上看，自主经营、自负盈亏、自我约束、自我发展的机制比较健全。

经营主体多元化，主要是指民营经济的经营主体来自不同的社会阶层，包

---

① 孙西克. 民营经济的概念及发展模式刍议[J]. 政策，2003(12)：3.

② 秦海林. 中国民营经济发展模式研究[D]. 长春：吉林大学，2007.

括个体工商户、私营企业主、股份制企业中的民营股东等，涵盖了广泛的人群。这种多元化使得民营经济充满活力和创新精神，不同背景的经营者带来了不同的经营理念和管理方法。

产权明晰，主要是指民营经济的产权关系明确，所有者对企业资产拥有明确的所有权和支配权，这使得企业经营者有更强的动力去经营好企业，追求利润最大化，同时也有利于企业的长期发展和稳定。

经营机制灵活，主要是指民营经济在经营决策、用人机制、激励机制等方面具有很大的灵活性；企业能够快速适应市场变化，及时调整经营策略，对市场信号做出迅速反应。

创新意识强，主要是指民营企业为了在市场竞争中生存和发展，往往具有较强的创新意识，不断推出新产品、新技术和新服务，满足消费者日益多样化的需求。

概括来说，民营经济的作用主要表现在如下几个方面：

一是推动经济增长。民营经济是社会主义市场经济的重要组成部分，对经济增长起着重要的推动作用。民营企业创造了大量的财富，增加了国家的税收收入，促进了 GDP 的增长。

二是增加就业机会。民营经济吸纳了大量的劳动力，特别是中小企业，为社会提供了丰富的就业岗位，民营经济成为解决就业问题的重要渠道。

三是促进市场竞争。民营经济的发展增加了市场主体的数量，促进了市场竞争。民营企业通过不断提高产品质量和服务水平，降低价格，为消费者提供了更多的选择，推动了市场的良性发展。

四是推动技术创新。民营企业具有较强的创新意识和创新动力，在技术创新方面发挥着重要作用。许多民营企业投入大量资金进行产品与技术研发，取得了不少创新成果，推动了产业升级和技术进步。

五是促进经济结构调整。民营经济在不同产业和领域的发展，促进了经济结构的调整和优化。

二、经济高质量发展

（一）经济高质量发展的概念与内涵

习近平总书记在 2017 年的中央经济工作会议上强调，进入新时代以后，"我国经济已由高速增长阶段转向高质量发展阶段。推动高质量发展是当前和今后一个时期确定发展思路、制定经济政策、实施宏观调控的根本要求。"习近平总书记 2021 年在福建考察时强调："新发展理念和高质量发展是内在统一的，高质量发展就是体现新发展理念的发展。"党的二十大报告明确提出，高质量发展是全面建设社会主义现代化国家的首要任务。

经济高质量发展是发展经济学的一个核心概念，是推动经济建设、政治建设、文化建设、社会建设、生态文明建设"五位一体"全面可持续发展的一种增长方式。其内涵主要包括以下几个方面：

创新驱动。创新是引领发展的第一动力。这包括理论创新、制度创新、科技创新、文化创新等各个方面。通过创新，提高生产效率、提升产品和服务质量、创造新的市场需求，推动经济持续增长。

协调发展。协调是持续健康发展的内在要求，注重经济发展的协调性包括区域协调、城乡协调、产业协调等。通过促进不同地区、不同产业之间的均衡发展，缩小发展差距，实现经济的整体稳定发展。

绿色发展。绿色是永续发展的必要条件和人民对美好生活追求的重要体现。要把生态文明建设放在突出地位，实现经济发展与环境保护的有机统一，推行绿色生产方式和生活方式，降低能源消耗和环境污染，推动可持续发展。

开放发展。开放是国家繁荣发展的必由之路。要坚持对外开放，积极参与全球经济合作与竞争，引进国外先进技术、管理经验和资金，提升国内经济的国际化水平，同时推动中国企业"走出去"，拓展国际市场。

共享发展。共享是中国特色社会主义的本质要求。要坚持以人民为中心，让发展成果更多更公平惠及全体人民，加大民生投入，提高居民收入水平，缩小收入差距，实现共同富裕。

质量和效益提升。经济高质量发展不仅仅关注经济增长的速度，更注重经济发展的质量和效益。通过提高产品和服务的质量，增强企业的核心竞争力，提高资源利用效率，实现经济的可持续增长。

（二）经济高质量发展的特征

经济高质量发展，通常表现为高效率和高效益的生产方式、高质量的产品和服务、持续性和公平性的供给等。廖萌认为，经济高质量发展的特征就是高质量、高效率和高稳定性的供给体系，高质量、高效率、高稳定性这三者相互支撑，共同推动经济的高质量发展[1]。

1. 高质量的供给体系

供给体系主要包括要素投入、中间品投入和最终产出三个紧密相依的环节，这三个环节的高质量将直接决定供给体系的高质量。供给体系中的要素投入主要指的是劳动力、能源资源、技术、信息、资本以及数据等要素，供给体系中的要素投入质量高主要体现为劳动力素质高、能源资源的绿色化程度高、技术和信息在生产活动中发挥重要的作用，以及数据资源规模大等。中间品主要是指生产过程中的中间产品，供给体系中的中间品投入质量高体现为这些中间产品的精确度高和质量过硬。为确保中间品投入质量高，通常需要：一是转型升级产业结构，二是构建一个上下协同的供应链体系。最终产出的质量高，是指产品和服务的质量过硬，能够有效满足消费者的高品位需求。从产业视角来看，高质量的供给体系标志着产业结构趋于高级化。

2. 高效率的供给体系

高效率的供给体系不仅要求具备较高的技术效率，还必须同时具备良好的

---

① 廖萌. 经济高质量发展下的中国营商环境优化研究[D]. 福州：福建师范大学，2022.

经济效益。换言之,只有经济效益和技术效率的协调统一,才能确保供给体系拥有较高的效率。为获得最大化的要素投入产出率,通常要求充分挖掘现有资源要素的潜力,即实现技术效率;为让每一项资源都能够用在刀刃上,则要求科学合理地配置资源,即实现经济效益。因此,高质量发展就是要合理高效配置现有资源,确保各项资源能够集约高效地发挥作用,以提高各类要素边际生产率、边际报酬。

从动态来看,随着时间的推移,供给体系效率的提升将促进全要素生产率的有效提高,从而持续推动社会经济的高效发展。改变经济增长动力,实质上就是通过合理配置资源来提高产出效率,进而提高供给体系的效率。

3. 高稳定性的供给体系

高稳定性的供给体系是推动经济高质量发展的前提条件。高稳定性的供给体系包含以下三层含义:从短期来看,应保证社会经济在合理区间内平稳运行;从长期来看,应保证持续促进产出;从空间角度来看,一方面需要建立一个科学完善的经济体系,另一方面需要协调环境、社会以及经济之间的关系。此外,应注意合理利用自然资源,不得以破坏生态环境为代价推动经济发展。总之,高稳定性的供给体系可有效控制经济运行的重大风险,同时让全体人民共享经济发展的成果。

(三)经济高质量发展的关键

党的十九大报告指出,我国经济已由高速增长阶段转向高质量发展阶段。当务之急是提高全要素生产率,实现我国经济发展质量、效率以及动力的变革。换言之,经济发展质量、效率以及动力这"三大变革"的核心动力就是提高全要素生产率。

通常,全要素生产率是衡量经济发展质量的核心指标,它反映了经济增长中不能被资本、劳动等传统要素投入所解释的部分,主要来源于技术进步、管理创新、资源配置效率提升等因素。全要素生产率提高意味着在投入要素不变的情况下，能够实现更多的产出，或者在产出不变的情况下，减少投入要素，从而提高经济发展的效率和质量。一般认为，提高全要素生产率的途径主要是技术创新、管理创新和资源配置效率提升等。

1. 技术创新

技术创新可以重新调配资源，并最终达到提高全要素生产率的目的。要加大研发投入，鼓励企业进行技术创新和产品创新；通过技术进步提高生产效率、降低成本、提升产品质量和附加值。例如，在制造业中，推广智能制造技术，提高生产的自动化、智能化水平，减少人工干预，提高生产效率和产品精度。加强基础研究和应用研究，提高科技创新能力。政府应加大对科研机构的支持力度，培养高素质的科研人才，推动科技创新成果的转化和应用。

2. 管理创新

管理创新既可以实现企业间资源的合理配置，也能达到提高全要素生产率的目的。要优化企业管理模式，提高企业运营效率。通过采用先进的管理理念和方法，如精益生产、敏捷管理等，提高企业的生产效率、产品质量和服务水平；加强企业内部的信息化建设，提高信息传递和处理效率；通过数字化管理平台，实现企业内部各部门之间的信息共享和协同工作，提高企业的决策效率和管理水平；培养高素质的管理人才，提高企业的管理水平和创新能力；企业还应加强对管理人员的培训和教育，提高他们的管理能力和综合素质。

3. 资源配置效率提升

提高资源配置效率能够向获得最大化收益的领域或部门引入更多的社会资源，实现社会资源的市场化流动。要优化产业结构，提高资源在不同产业之间的配置效率。通过推动产业升级和转型，淘汰落后产能，培育新兴产业和高端产业，提高产业的附加值和竞争力；加强区域协调发展，提高资源在不同地区之间的配置效率；通过区域合作和产业转移，实现资源的优化配置和区域经济的协调发展；完善市场机制，提高资源在市场中的配置效率；加强市场监管，维护市场秩序，打破市场垄断，促进市场竞争，提高资源的配置效率和经济发展的质量。

三、民营经济高质量发展

（一）民营经济高质量发展是经济高质量发展的重要组成部分

改革开放以来，我国的民营经济经历了从无到有、从小到大的发展过程，其经济地位也相应地经历了从无到"必要补充"再到"重要组成部分"的转变，目前已成为社会主义市场经济体制的重要组成部分。当前，民营经济在各个产业领域积极拓展业务，不断创造新的经济增长点。从制造业到服务业，从传统产业到新兴产业，民营经济的活力和创造力推动着经济的持续增长。同时，民营经济积极进行固定资产投资和技术改造，扩大生产规模，提升产业水平。这不仅为自身发展奠定了基础，也为整个经济的稳定增长提供了有力支撑。现阶段，我国的民营经济已成为经济发展方式转变、经济结构优化、经济增长动力转换、经济社会协调发展的重要市场主体。

作为我国经济制度的内在要素、GDP 的重要来源和市场主体，民营经济的发展必然不可能脱离我国经济高质量发展的时代背景。民营经济具有强烈的创新意识和灵活的创新机制，敢于投入资源进行研发。在科技创新、产品创新、管理创新等方面不断取得突破，为经济高质量发展注入了强大动力。同时，民营经济善于捕捉市场机遇，不断探索新的商业模式。例如，在电子商务、共享经济、数字经济等领域，民营企业率先创新，推动了传统产业的转型升级和新兴产业的蓬勃发展。加快创建和完善有利于民营经济的制度环境，助推民营经济高质量发展，是我国经济高质量发展的应有之义。

（二）民营经济高质量发展面临的困境

经济高质量发展的根本在于经济的活力、创新力和竞争力，供给侧结构性改革是根本途径。要加快形成推动高质量发展的指标体系、政策体系、标准体系、统计体系、绩效评价、政绩考核，创建和完善制度环境。总的来看，现阶段我国的民营经济与实现高质量发展还存在较大差距，面临的主要困境如下[①]：

1. 整体创新力和竞争力不高

创新驱动提高全要素生产率是经济高质量发展的基石之一。数据显示，我国民营经济多数属于劳动密集型、能源消耗型和资源依赖型，且大多集中在传统行业，缺乏自主核心技术、关键技术、基础性技术与品牌，还处在全球价值链低端。我国民营经济整体上处于创新发展初期，创新能力还较为缺乏。我国民营经济的创新力和竞争力整体偏低，已成为其转型升级、实现高质量发展的最大困境和主要难点之一。

2. 产品质量和服务质量整体不高

经济高质量发展最本源、最直接的体现是产品和服务质量高。现阶段，我国民营经济提供的产品大多是附加值低的生存性资料，服务质量整体不高，档次高、质量好、附加值高、放心安全的产品和服务还比较缺失，发展性、享受性生活资料和服务性消费品较为不足，产品和服务的供给结构还不能适应市场需求结构的变化。换言之，我国民营经济的产品质量和服务质量整体不高，难以满足人民日益增长的美好生活需要，已成为民营经济高质量发展的主要制约因素。

3. 市场竞争环境不够公平安全

安全、公平、稳定的市场竞争环境是经济高质量发展的必要条件。现阶段，我国的知识产权意识还不够浓厚、产权保护制度还不够健全；同时，民营经济在国内开放、国际"走出去"和进出口等领域、行业、产业等市场准入范围还过于集中狭小，在审批许可、招投标、政府采购、要素分配等方面还受到很

---

① 王磊. 推动民营经济高质量发展的制度创新研究[D]. 北京：中国社会科学院大学，2019.

大程度的限制与歧视；加之，民营经济发展的市场环境还不够稳定，很容易造成民营企业家的信心不足、预期不稳。政府对民营经济必要的公共服务供给缺乏，以及营商环境不够公平稳定，已成为掣肘民营经济高质量发展的主要因素。

4. 税费社保负担过重、融资难融资贵

劳动力、土地等生产要素成本不断上升，税收、各项行政事业性收费和社会保险负担较重，以及融资难、融资贵的问题长期困扰着中国民营经济。特别是高昂的用人成本，严重限制了中小民营经济主体对高水平人才的引进与培养。民营经济税费负担偏重，资金长期匮乏，经营成本居高不下等主要困境，直接导致人才、资金和创新缺乏等问题，严重阻碍着民营经济的创新发展与转型升级。

5. 经营管理观念和机制不科学

目前，我国民营经济的经营管理理念整体还比较落后，还长期停留在经济高速增长时期的模式，即经济增长方式还比较粗放，热衷于大投入、铺摊子、加杠杆。此外，还有相当一部分民营经济尚未建立产权清晰、权责明确、政企分开、管理科学的现代企业制度，公司治理水平不高，所有权和经营权没有实现分离，组织机构不健全，决策机制不科学，经营管理还有很大的提升空间。诸如经营管理观念和机制不科学等困境，都严重阻碍着民营经济的转型升级。

(三)民营经济高质量发展的路径选择

王磊认为，实体经济困境背后的深层次根源是制度，制度是决定民营经济能否实现高质量发展的关键[1]。为实现民营经济高质量发展，应考虑通过相应的制度改革、制度创新和机制转换等供给侧结构性改革，建立有效率的制度和完善健全的制度体系，以形成适应高质量发展要求的体制机制和制度环境。

---

[1] 王磊. 推动民营经济高质量发展的制度创新[D]. 北京：中国社会科学院大学，2019.

1. 有效率的制度是民营经济高质量发展的根本保障

美国经济学家诺斯指出："经济和政治制度是经济绩效的根本性决定因素。"因此，与生产力、经济发展水平相适应的制度，或称之为有效率的制度，对推动民营经济高质量发展至关重要。换言之，适应性强、有效率、高质量的制度，可以为民营经济高质量发展提供或强化激励机制、降低交易成本、减少不确定性和外部性、提高经济效率、提供经济服务。

(1)提供或强化激励机制，释放并激发经济主体的活力。

有效率的制度安排是增长和发展的关键因素，能够合理规范人们的理性行为、促成人们之间的有序竞争和协同合作激励、保护人们的合法权益、建立合理的利益分配机制，表现为提供或强化激励和约束机制。有效率的正式制度，还应有配套的实施机制，以及与之相容的价值观念、伦理道德、意识形态等非正式制度。

(2)降低经济交易成本，提高经济效益。

交易成本深刻影响着交易质量、经济效率和经济利润。有效的制度安排与实施机制，可降低交易信息的不对称度，缩短经济交易谈判、签约与履约的时间，简化选择与交易的过程，减少交易的不确定性和不稳定性，降低违约风险和违约成本，有利于形成诚实信用的商业文化，并能够降低有效制度和规则的运行成本，从而降低整个经济的交易成本和费用，进而推动经济实现高质量发展。

(3)减少不确定性和外部性，稳定预期，提高资源配置效率。

有效率的制度通过规则规范和约束人们的行为，激励并约束人们追求效用或利润最大化的行为，减少经济社会的无序及人们之间的经济纠纷和利益冲突，降低整个经济的不确定性，稳定或增强社会的可预期性。同时，它还能使个人成本或收益与社会成本或收益不断接近，减少人的行为和交易的外部影响，增强整个社会经济运行的有序性，提高资源配置效率。

(4)营造良好的营商环境，为经济发展提供服务。

有效率的制度可通过完善市场在资源配置中的决定性作用更好地发挥政府的作用，有利于正确处理市场、政府与微观经济主体之间的关系，明确市场和政府及微观主体的行为边界，减少寻租行为和各种腐败行为，重塑增进公平竞争的新体制机制，形成适度宽松的民营经济制度环境，营造公平稳定良好的营商环境，为民营经济发展提供公平合理、高效便捷的公共服务，进而推动民营经济的稳定持续发展。

2. 完善健全的制度体系是民营经济高质量发展的重要保证

制度体系主要由正式制度、非正式制度和实施机制等构成。民营经济高质量发展的制度结构必须是完善健全的，并与经济高质量发展相适应。

(1)完善有效的正式制度。

民营经济发展的正式制度及其实施机制包括宪法、法律法规、政治制度、政府政策等显性成文的一系列规则，主要涉及产权制度、财政税收制度、金融制度、市场竞争与准入制度、退出制度、创新激励体制机制、要素市场化配置机制等。产权制度是正式制度中最基础、最重要的制度，具有排他性的产权界定制度、健全有效的产权保护制度和稳健灵活的产权运营制度是推动民营经济高质量发展的根本性制度，而有利于创新的体制机制是民营经济高质量发展不可或缺的关键正式制度。

(2)相适应的非正式制度。

民营经济发展的非正式制度，通常包括隐性不成文的信念、认知、思想、道德观念、文化传统、风俗习惯、发展理念、行为准则等。非正式制度既是正式制度形成的基础和前提，又是正式制度发挥作用的必要条件和必要补充，对经济发展起着十分重要的作用。与民营经济高质量发展相适应的发展理念、社会认知、思想习惯、文化观念等非正式制度对民营经济发展影响明显，其中尤以发展理念、社会认知和企业家精神最为显著。

(3)强有力的实施机制。

制度得以实现的前提条件和关键环节是完善有效的制度实施机制。民营经济高质量发展同样需要高质高效的实施机制，以确保各项制度安排实现最优绩效。其实施机制应至少包含素质高、水平高的实施主体，科学适用、运行良好的实施程序，配套综合的实施手段，切实有效的制衡监督反馈机制，以及强有力的奖励惩处制度等，旨在促进产权平等保护、增强市场公平公正、完善要素市场化配置、激励创新创业、健全财税金融体制、培育企业家精神等，推动民营经济高质量发展。

第二节　促进民营经济高质量发展的经济税收理论

一、基于税收视角的有关理论

(一)政府与市场关系的理论

政府和市场的关系问题，即政府和市场各自应扮演何种角色以及如何实现两者的有效配合，是一个世界性的问题，同时也是各国经济发展实践中的难点。市场机制具有资源配置效率高、激励创新、促进经济增长等优势，但同时也可能导致市场失灵、公共物品供给不足、收入分配不公平等问题的出现。政府具有弥补市场失灵、提供公共物品、调节收入分配、稳定宏观经济等作用。政府与市场关系理论强调政府和市场在经济活动中应各司其职、相互配合，共同促进经济的稳定增长和社会的和谐发展。政府和市场在经济活动中应相互补充，共同发挥作用。市场机制在资源配置、激励创新等方面具有优势，但在解决市场失灵、提供公共物品等方面存在不足，需要政府干预。政府干预应适度，避免过度干预影响市场效率。政府与市场的关系不是固定不变的，而是随着经济发展和社会变化不断调整的。在不同的历史时期和经济发展阶段，政府与市场的作用重点和边界也会有所不同。在新时代，我们更应辩证处理好政府和市场的关系，必须充分发挥市场在资源配置中的决定性作用，更好发挥政府作用，激发各类市场主体活力。

正确处理政府和市场的关系，使市场在资源配置中起决定性作用和更好地发挥政府作用，也是经济体制改革的核心问题。处理政府和市场的关系，应采用辩证法、两点论。更好地发挥政府作用，不是政府加大对市场的干涉力度，而是要在保证市场发挥决定性作用的前提下，管好那些市场管不了或管不好的事情。此外，政府应当推进简政放权，抓好政策标准制定、政策执行、法治环境建设、政务环境建设，不断优化营商环境。

基于税收视角的政府与市场关系理论主要指政府如何通过税收政策来影响市场经济的运行，包括以下观点：从税收的作用来看，税收是政府筹集财政收入的重要手段，同时也可以通过调节税收政策来引导和影响市场主体的行为，实现资源的优化配置和经济的稳定发展。从政府与市场的关系来看，政府在市场经济中扮演着监管者和调控者的角色，通过税收政策，政府可以对市场进行干预，以弥补市场失灵、促进公平竞争、实现社会目标等。从税收政策的目标来看，税收政策的目标通常包括增加财政收入、促进经济增长、调节收入分配、保护环境等，政府会根据不同的经济和社会情况，制定相应的税收政策来实现这些目标。从税收对市场的影响来看，税收会对市场主体的行为产生影响，例如影响企业的生产决策、投资决策和消费者的消费决策，税收还会影响市场的供求关系和价格水平，从而对经济的运行产生影响。从税收政策的设计与实施来看，政府在制定税收政策时需要考虑多方面的因素，如税收的公平性、效率性、稳定性等；同时，政府还需要通过有效的税收征管来确保税收政策的实施和执行。在实践中，政府需要根据具体情况来制定和调整税收政策，以实现政府与市场的良性互动，促进经济的可持续发展，也需要注意税收政策可能带来的负面影响，并采取相应的措施来加以缓解。

(二)财政职能理论

财政职能是指财政作为国家政府分配社会产品、调节经济活动的重要手段所具有的职责和功能，是由财政本质所决定的、财政所固有的。财政职能理论强调政府在资源配置、收入分配和经济稳定发展方面的重要作用。通过合理发挥财政职能，政府可以促进经济的公平、高效和可持续发展。

基于税收视角，财政职能主要体现在以下几个方面：资源配置职能，即通过税收调节资源在不同部门、不同地区和不同企业之间的配置，以提高资源利用效率；收入分配职能，即利用税收手段，如累进税制，对个人和企业的收入进行再分配，促进社会公平；经济稳定职能，即运用税收政策，如相机抉择的税收政策，来调节经济的周期性波动，保持经济稳定运行。

1. 资源配置

财政作为政府调控经济社会运行的主要杠杆，是政府配置资源的主体。财政的资源配置职能是指政府通过财政收支活动，引导资源在不同地区、不同部门和不同产品之间的合理配置，以提高资源的利用效率，即对市场提供过度的商品和劳务数量进行校正，而对市场提供不足的产品和服务进行补充。政府通过财政收入(主要是税收)筹集资金，用于提供公共商品和服务，同时通过财政支出影响非政府部门的资源配置；通过财政转移支付等手段，支持落后地区的经济发展，缩小地区间的经济差距；政府还可以通过财政补贴、税收优惠等政策，鼓励或限制某些产业的发展。

2. 收入分配

财政的收入分配职能是指政府通过财政收支活动，对国民收入进行再分配，以实现公平分配的目标。财政常用的再分配手段有税收调节、财政转移支付和公共服务均等化。通过累进所得税、财产税等税收手段，调节高收入者的收入水平；通过社会保障支出、扶贫支出等转移支付手段，提高低收入者的收入水平；通过提供均等化的公共服务，如教育、医疗、社会保障等，缩小不同群体之间的福利差距。

3. 经济稳定与发展

财政的经济稳定与发展职能是指政府通过财政收支活动和政策手段，调节经济总量和经济结构，实现经济稳定增长、充分就业、物价稳定等目标。其常用的手段主要有财政政策调节、投资基础设施和促进科技创新等。通过调整财政支出和税收政策，影响总需求和总供给，实现经济稳定。在经济衰退时，可采取扩张性财政政策，增加财政支出、减少税收，刺激经济增长；在经济过热时，可采取紧缩性财政政策，减少财政支出、增加税收，抑制通货膨胀。政府还可通过投资基础设施建设，如交通、能源、通信等领域，为经济发展创造良好的条件。同时，基础设施的改善可以降低企业的生产成本，提高经济效率，促进经济增长。政府还可以通过财政补贴、税收优惠等政策，鼓励企业进行科技创新，提高国家的核心竞争力。科技创新可以推动产业升级，创造新的经济增长点，促进经济的可持续发展。

（三）税收效应理论

税收效应是税收作用所产生的效果，即税收对经济和社会的影响。经济决定税收，税收影响经济。税收对经济的影响是十分广泛的，对某一种商品、所得或行为征税，不但可能直接影响纳税人的收入，从而影响其生产、工作的积极性，以及对生产与消费商品的选择，还可能间接影响国民经济其他方面（如储蓄、投资等），甚至影响社会生活方面。比如，课税太重或课税方式的不健全，可能导致纳税人生产积极性大降；又比如政府开征某一种新税，本意是促进社会资源配置进一步优化，但其结果有可能适得其反，导致社会资源配置更加不合理。

理论上，税收效应可分为正效应、负效应、收入效应、替代效应、中性效应、非中性效应、激励效应、经济增长效应、分配效应、宏观调控效应和阻碍效应等。在实际中，根据需要，税收效应还可进一步分为储蓄效应、投资效应、产出效应、社会效应、心理效应等。

基于税收视角，税收效应主要涉及以下几种：收入效应，税收直接减少纳税人的可支配收入，从而影响其消费和储蓄行为；替代效应，纳税人因税收而改变其经济行为，选择相对更有利的替代方案；经济增长效应，合理的税收政策可以刺激投资和创新，促进经济增长；分配效应，税收对收入和财富进行再分配，影响社会公平程度；宏观调控效应，税收政策是政府进行宏观调控的重要手段之一。

二、基于经济视角的有关理论

(一)经济增长理论

关于经济增长，有两种观点：一种认为经济增长是指一个经济所生产的物质产品和劳务在一个相当长的时期内的持续增长，即实际总产出的持续增长；另一种则认为经济增长是指按人口平均计算的实际产出，即人均实际产出的持续增长。换言之，经济增长通常是指在一定时期内，一个国家或地区生产的商品和服务总量的增加，一般用 GDP 或 GDP 的增长率来衡量。相应地，经济增长理论主要研究国家或地区经济增长的原因、机制和影响因素。

传统经济增长理论主要包括古典经济增长理论、新古典经济增长理论；现代经济增长理论主要包括内生经济增长理论、新制度经济学与经济增长理论等。古典经济增长理论强调劳动分工、资本积累和技术进步对经济增长的重要性，认为经济增长主要取决于生产要素的投入，特别是劳动和资本的增加。新古典经济增长理论的主要观点是在生产函数中引入技术进步因素，认为经济增长不仅取决于资本和劳动的投入，还取决于技术进步。内生增长理论认为，知识积累、技术创新等是经济增长的内在动力，经济能够不依赖外力推动实现持续增长，内生的技术进步是保证经济持续增长的决定因素。新制度经济学与经济增长理论认为，制度因素对经济增长至关重要。良好的制度，如产权保护、法律制度、市场机制等，可以降低交易成本，提高资源配置效率，促进经济增长。此外，影响经济增长的因素主要包括资本、劳动以及土地和自然资源等生产要素投入，技术创新和技术扩散等技术进步因素，产权制度、法律制度和政府政策等制度因素，以及价值观和信仰等文化因素。

基于税收视角，经济增长理论主要有以下一些观点：新古典增长理论认为，在一定的生产技术条件下，较高的税率可能会降低资本积累和劳动投入的积极性，从而对经济增长产生一定的抑制作用，但适度合理的税收可以为公共投资提供资金，促进基础设施建设等，间接推动经济增长。内生增长理论强调知识和技术进步是经济增长的核心动力，税收政策可以通过影响研发投入、教育支出等方面来作用于知识和技术的积累与扩散，进而影响经济增长的速度和质量。例如，对研发活动给予税收优惠，能激励企业增加创新投入，促进技术进步和经济长期增长。此外，税收结构也会对经济增长产生影响。不同税种对经济增长的作用机制不同，合理搭配税种、优化税收结构能更好地发挥税收对经济增长的促进作用。总之，税收在经济增长中扮演着重要角色，通过科学合理的税收政策制定和调整，可以更好地实现经济的持续稳定增长。

（二）利益相关者理论

利益相关者理论是 20 世纪 60 年代在西方国家逐步发展起来的，进入 20 世纪 80 年代以后其影响迅速扩大，开始影响美英等国的公司治理模式选择，并促进了企业管理方式的转变。利益相关者理论之所以能够立足，其关键在于它认为随着时代的发展，物质资本所有者在公司中的地位会呈逐渐弱化的趋势。所谓弱化物质资本所有者的地位，实际上代表了利益相关者理论对"公司是由持有该公司普通股的个人和机构所有"的传统核心概念的强烈质疑。

所谓利益相关者，是指那些能够影响企业目标实现，或者受企业目标实现过程影响的个人或群体。具体来说，包括企业的股东、债权人、雇员、消费者、供应商等交易伙伴，也包括政府部门、本地居民、本地社区、媒体、环保主义者等压力集团，甚至包括自然环境、人类后代等受到企业经营活动直接或间接影响的客体。所谓利益相关者理论，是一种企业管理和决策的理论框架，强调企业在经营过程中应考虑所有受到企业决策和活动影响的利益相关者的利益。

利益相关者理论强调企业与各种利益相关者之间存在相互依存的关系，企业的经营决策应该平衡各方利益，以实现长期稳定的发展，它对企业的社会责任、治理结构等方面都有着重要的影响。其核心观点主要包括：企业的目标是实现利益相关者利益的最大化，而不仅仅是股东利益最大化；企业应该与利益相关者建立良好的合作关系，共同创造价值；企业在决策和活动中应充分考虑利益相关者的利益诉求，平衡各方利益；利益相关者对企业的经营和发展具有重要影响，企业应积极管理与利益相关者的关系。

基于税收视角，利益相关者理论主要观点包括：企业的利益相关者众多，包括股东、员工、消费者、供应商、政府等，税收政策的制定和实施会对这些利益相关者产生影响；税收影响利益相关者的利益，不同的税收政策会导致利益相关者的利益发生变化，例如增税可能会使消费者和企业的负担增加，减税可能会刺激投资和消费；利益相关者之间存在利益冲突，股东可能希望降低税收以提高企业利润，而政府则可能需要通过税收来提供公共服务和促进经济发展，因此，需要在不同利益相关者之间进行权衡和协调；企业应关注利益相关者的利益，其决策不仅要考虑股东的利益，还应考虑其他利益相关者的利益，通过合理的税收规划和策略，企业可以在合法合规的前提下，减少税收负担，提高经济效益，同时也能更好地满足利益相关者的需求；政府在税收政策制定中应考虑利益相关者的利益，政府制定税收政策时，应充分考虑对企业、消费者和社会的影响，以实现经济增长、社会公平和可持续发展的目标。

(三)资源配置理论

资源是指用于生产商品和提供服务的各种要素，包括自然资源、人力资源、资本资源和技术资源等。资源是有限的，而人类的需求是无限的。资源总是表现出相对的稀缺性，从而要求人们对有限的、相对稀缺的资源进行合理配置，以满足人们的各种需求。资源配置是指对相对稀缺的资源在各种不同用途上加以比较做出的选择，其目标就是实现资源的最优分配，以满足人类的需求，通常应考虑效率、公平和可持续性等问题。资源配置的方式在社会化大生产条件下主要有市场机制和计划机制两种。市场机制是指通过价格机制、供求机制和竞争机制等市场力量来实现资源的配置。在市场经济中，价格是资源配置的信号，价格的高低反映了资源的稀缺程度和供求关系。计划机制是指通过政府的计划和指令来实现资源的配置。在计划经济中，政府根据国家的发展战略和人民的需求，制定资源配置计划，然后通过行政手段将资源分配到各个部门和企业。影响资源配置的因素主要有技术水平、消费者需求、政府政策和国际市场等，这些因素相互作用，共同影响着资源的配置。

资源配置理论是经济学的重要组成部分，它研究如何在不同的用途和使用者之间分配有限的资源，以实现最大的效益。一般来说，资源如果能够得到相对合理的配置，经济效益就显著提高，经济就能充满活力。在市场经济体制下，市场机制是资源配置的决定性力量。因此，在资源稀缺的前提下，应综合运用市场机制和计划机制，兼顾效率、公平和可持续发展的要求，实现资源的有效配置，即实现社会总劳动时间在各个部门之间的分配，以满足人类的需求。

基于经济视角，资源配置理论主要包括以下要点：从资源的稀缺性来看，经济资源是有限的，需要在不同用途之间进行分配；从市场机制来看，市场通过价格机制和竞争机制来引导资源的配置，实现效率最优；从计划机制来看，在市场失灵的情况下，政府可通过政策手段对资源配置进行调节；从效率与公平的权衡来看，资源配置要兼顾效率和公平，以实现社会福利的最大化；从产业结构调整来看，可根据经济发展的需要，对资源在不同产业之间进行动态配置。

从税收视角来看，资源配置理论主要有以下观点：税收通过改变商品和要素的相对价格来影响资源的配置方向，例如，对某些高耗能、高污染产业征收较高的税收，会促使资源从这些产业流出，流向更环保、更可持续的领域；税收优惠政策可以引导资源向特定区域或行业集中，比如对新兴产业给予税收减免，能吸引更多资源投入到这些领域，推动其快速发展；在地区资源配置方面，不同地区的税收政策差异可能导致资源在地区间的流动和分布不均；合理的税收安排可以促进区域经济协调发展，对劳动所得和资本所得的税收规定也会影响人们在劳动和投资之间的资源分配决策，进而影响劳动力市场和资本市场的运行。同时，税收收入用于公共支出，政府可以通过公共支出的投向和结构来优化资源配置，比如加大对教育、科研等领域的投入，提升整体资源利用效率和质量。总之，税收在资源配置中发挥着重要的调节作用，通过税收政策的制定和调整，可以更好地实现资源的有效配置和经济的合理发展。

三、基于管理视角的有关理论

(一)公司治理理论

公司治理是一种对公司进行管理和控制的制度安排，通常涉及公司的股东、董事会、管理层、员工、债权人、供应商、客户等利益相关者之间的关系。一般来说，公司治理的目的主要包括：确保公司的决策科学、合理；保护股东和其他利益相关者的权益；提高公司的绩效和竞争力。基于经济学立场，企业主要有所有权和经营权两种权利，二者是分离的。其中，企业管理是建构在企业经营权层次上的一门科学，而公司治理则是建构在企业所有权层次上的一门科学，讨论的是如何向职业经理人授权以及科学地对职业经理人进行监管。公司治理理论主要研究公司的权力分配、决策机制、监督机制以及利益相关者之间的关系，以实现公司的高效运作和可持续发展。

公司治理理论的思想渊源可追溯到 1776 年亚当·斯密的《国富论》，他认为在股份制公司中由于所有权和经营权的分离而产生了一系列的问题，因此应当建立一套行之有效的制度来解决所有者和经营者之间的利益冲突。1932 年，美国学者贝利和米恩斯提出公司治理结构的概念，其实证分析表明，现代公司的所有权和控制权发生了分离，公司治理应该强调股东的利益，以及实现股东对经营者的监督制衡。此后，众多学者从不同角度对公司治理理论进行了研究，其中具有代表性的是超产权理论、两权分离理论、委托代理理论和利益相关者理论，它们构成了公司治理结构的主要理论基础。

超产权理论认为，企业产权改革、利润激励只有在市场竞争的前提下才能发挥其刺激经营者增加努力和投入的作用，为完善企业治理机制，可引入竞争作为基本动力，而变动产权只是改变机制的一种手段。两权分离理论认为，现代公司已经发生了"所有与控制的分离"，公司实际已被由职业经理组成的"控制者集团"所控制，特别是股权分散的加剧和管理的专业化，导致"两权分离"越来越显著。委托代理理论认为，公司股东是公司所有者即委托人，而经营者是代理人，代理人具有不同于公司所有者的利益诉求，具有机会主义的行为倾向，可能会面临道德风险或逆向选择等问题。利益相关者理论认为，公司的目的不能局限于股东利润最大化，而应同时考虑其他利益相关者，包括员工、债权人、供应商、用户、所在社区及经营者的利益，企业各种利益相关者的共同利益最大化才应当是现代公司的经营目标，也才能充分体现公司作为一个经济组织存在的价值。提高公司的绩效和竞争力，保护股东和其他利益相关者的权益，秉持可持续发展理念，适应全球化时代背景，实现数字化转型，已成为现今公司治理的广泛共识。

基于税收视角，公司治理理论主要有以下观点：从激励机制来看，合理的税收政策可以影响管理层的行为，比如，对管理层的股权激励等相关税收规定，能更好地激励管理层为提升公司价值而努力，促进公司治理的改善；在监督机制方面，税收法规要求公司保持透明的财务信息，这有助于股东和其他利益相关者对公司进行有效的监督，同时，税务机关的监管也能在一定程度上对公司形成约束；税收政策还可能影响公司的资本结构决策，不同的税收待遇会使公司在债务融资和股权融资之间进行权衡，进而影响公司治理结构；对于股东而言，税收会影响其投资决策和对公司的控制意愿，一些税收优惠措施，可能吸引更多股东积极参与公司治理，公司在进行税收筹划时，也需要考虑治理结构的合理性，以确保筹划活动合法合规且符合公司整体利益。此外，税收的缴纳情况也是衡量公司治理效果的一个指标，良好的公司治理通常会更准确地履行纳税义务。

（二）创新理论

创新理论由美籍奥地利经济学家约瑟夫·熊彼特在 1912 年首次提出，他在《经济发展概论》一书中指出："创新是指把一种新的生产要素和生产条件的'新结合'引入生产体系。"具体来说，包括以下五种情况：①推出一种新产品，即消费者还不熟悉的产品或具有新特性的产品；②采用一种新的生产方法，即新的工艺或技术流程；③开辟一个新的市场，即以前不曾进入的市场；④获得一种新的原材料或半成品的供应来源；⑤实现一种新的企业组织形式，例如建立一种垄断地位或打破一种垄断地位。此外，熊彼特认为，创新是在生产过程中内生的，是一种"革命性"变化，创新也就意味着毁灭。资本主义打破旧的均衡而又实现新的均衡主要来自内部力量，其中最重要的就是创新，正是创新引起了经济增长和发展。熊彼特的创新理论强调了创新在经济发展中的关键作用，为理解经济发展和企业竞争提供了重要的理论视角。这一理论对后续的经济学研究产生了深远影响，并得到不断发展和完善。

从税收视角来看，创新理论主要包括以下观点：

一是税收激励与创新。合理的税收政策可以激励企业和个人进行创新活动。通过税收优惠，如研发费用加计扣除、税收减免等，可以降低创新成本，提高创新回报率，从而鼓励更多的创新行为。

二是创新与税收政策的相互作用。创新活动可能会对税收政策产生影响。例如，新技术的出现可能导致传统产业的结构调整，从而影响税收收入。同时，税收政策也可以引导和促进创新的方向和领域。

三是税收与创新的经济效应。税收政策的变化可能会对创新产生经济效应。例如，较低的企业所得税率可促进企业增加研发投入，推动技术进步和经济增长。此外，税收政策还可能影响创新的扩散和应用。

四是创新与税收公平。创新可能带来经济发展的不平衡，而税收可以在一定程度上调节这种不平衡。通过合理的税收制度，可以确保创新的收益在社会各阶层之间得到公平分配。

五是税收与创新的国际比较。不同国家的税收政策和制度对创新的影响可能存在差异。应通过国际比较研究，借鉴其他国家或地区的经验，制定适合本国国情的税收政策，以促进创新和经济发展。

第三节　税收支持民营经济高质量发展的作用机理

一、税收促进民营经济营商环境改善

随着我国税收制度改革不断深化，税收征管体制持续优化，税务执法和纳税服务的规范性、便捷性、精准性不断提升，并已在税收法治、税制改革、税收政策和税收管理等领域取得重大进展。党的二十届三中全会通过的《中共中央关于进一步全面深化改革、推进中国式现代化的决定》，对优化营商环境工作作出了新的部署，提出了一系列重点举措和战略安排。以习近平同志为核心的党中央坚持以人民为中心的发展思想，强调持续优化营商环境，持续营造市场化、法治化、国际化一流营商环境，不断夯实中国经济长远发展根基。税务部门始终坚持人民至上，始终把"为国聚财、为民收税"职责使命扛在肩上，始终把纳税人缴费人的需求和期盼放在心里，树立"以纳税人缴费人为中心""纳税人缴费人所盼、税务人所向"等理念，紧紧瞄准提速提效，着力推进税费服务创新，着力营造更加优质的税收营商环境。

各级税务部门狠抓落实，我国税收营商环境持续优化。着眼全过程惠企便民，税务部门自 2014 年起开展"便民办税春风行动"，主题连年演进，举措连年上新，步履从未停歇。纳税人缴费人满意度第三方调查稳步提升。着眼全领域宣传辅导，税务部门从传统的线下辅导，到普通的线上辅导，再到智能化的税企互动，微信公众号、电子税务局、智能机器人、常态化线上直播平台等日渐普及，基于大数据、数字化、智能化的精准辅导持续升级，实现税费政策速递。着眼全流程优化申报，"多税合一""一键申报"助力简便申报。2021 年 6 月 1 日起，财产和行为税 10 个税种合并申报，实现"一张报表、一次申报、一次缴款、一张凭证"；2021 年 8 月 1 日起，增值税、消费税与附加税费合并申报，申报表单由原有的 30 张整合为 8 张；2023 年以来，税务部门试点推出全国统一规范的电子税务局，并开通网上办税系统与多种企业财务软件对接接口，以支持纳税人自行将本单位财务报表转化为符合税务机关格式要求的财务报表，并随财务数据、开票数据等自动导入税务申报系统，实现即时申报、一键申报，进一步压缩报税时间。

优化营商环境已成为推动经济高质量发展的关键一环，是一场系统的经济社会改革。税务部门应提升政治站位，主动融入党和国家事业发展大局，进一步深化税务系统"放管服"改革，不断优化税收环境，服务国家治理。要始终坚持守正创新，落实好《关于推进纳税缴费便利化改革优化税收营商环境若干措施的通知》(税总发〔2020〕48 号)、《关于进一步深化税收征管改革的意见》(税总发〔2021〕21 号)以及《优化营商环境条例》(中华人民共和国国务院令第 722号)，对标国际先进水平，大力推行以服务纳税人缴费人为中心、以发票电子化改革为突破口、以税收大数据为驱动力的优质高效智能税费服务，深入推进精确执法、精细服务、精准监管、精诚共治，通过简政放权激发市场活力、公正监管促进公平竞争、高效服务营造便利环境，为推动高质量发展提供有力支撑。

税收促进民营经济营商环境改善，其作用机理主要有以下方面：

一是降低企业成本。税收优惠政策直接减少企业的税费支出，提升企业的资金流动性和盈利水平。

二是激励创新投资。对研发等方面的税收激励，鼓励民营企业加大创新投入，提升企业核心竞争力。

三是促进公平竞争。统一的税收政策，确保不同规模和类型的民营企业在市场中处于相对公平的竞争环境。

四是引导资源配置。税收政策可以引导资源向优势民营经济领域流动，优化产业结构。

五是增强企业信心。稳定、可预期的税收环境让民营企业更有信心进行长期规划和发展。

长期以来，税务部门基于"最大限度便利纳税人，最大限度规范税务人"理念，着力解决在行政审批、办事效率、服务意识、办税负担、纳税诚信、规范执法等方面存在的问题。2023 年，国家税务总局扎实开展"便民办税春风行动"，先后分 5 批推出系列便利化举措，特别是聚焦民营经济推出 28 项举措，持续为民营企业营造稳定公平透明可预期的税收营商环境，提高"办好事"的便利和"办成事"的效率，助力民营企业发展壮大。

基于税收视角，税费优惠政策在激发民营企业活力、促进民营经济高质量发展方面成效显著。具体来说有以下方面：

从增值税角度而言，在起征点方面，对月销售额 10 万元以下的增值税小规模纳税人免征增值税；在征收率方面，增值税小规模纳税人适用 3% 征收率与预征率的，均减按 1％缴纳或预缴增值税；在加计抵减方面，生产性服务业纳税人与生活性服务业纳税人可分别按 5％、10％加计抵减应纳税；此外，大规模留抵退税的实施为民营企业带来了"真金白银"的资金帮扶，破解了企业资金困境，为民营企业渡过难关提供了有力支撑。

从所得税角度而言，针对小型微利企业，国家给予了税基式与税率式的优惠政策以支持其发展；个体工商户可就年应纳税所得额不超过 200 万元的部分，可在现行优惠政策基础上减半征收个人所得税。此外，增值税小规模纳税人、小型微利企业和个体工商户还可享受"六税两费"（资源税、城市维护建设税、房产税、城镇土地使用税、印花税、耕地占用税和教育费附加、地方教育附加）50％税额幅度内的减免，政策执行至 2027 年底。

税收实践表明，税费政策在帮助民营企业纾困解难，助力市场主体恢复发展方面发挥了积极作用。据报道，2023 年，我国民营经济纳税人新增减税降费及退税缓费（以下简称"新增减税降费"）16864.6 亿元，占全国新增减税降费总额的 75.7％，是税费支持政策的主要受益者。同年，湖南省新增减税降费及退税缓费超 600 亿元，其中民营经济占比 55.7％（322.9 亿元）。在大规模减税降费政策带动下，民营企业经营成本有效降低，为稳定就业和提升员工福利创造了条件，充分共享税收改革红利。

从政策落实来看，2019 年至 2023 年，民营企业累计享受新增减税降费及退税缓税缓费超 8 万亿元，占全国新增减税降费总额约 70％。在实施税费支持政策以后，民营经济中的个体工商户，有 80％已无须缴税。从税费服务来看，税务部门实施的便民措施中，约 80％针对中小微企业和个体工商户（民营经济主体），如"非接触式"办税，精简申报流程等。从纾困解难来看，据统计，2019 年至 2023 年，税务部门以企业纳税信用为重要参考，通过"银税互动"机制，共助力小微企业获得银行贷款 2246 万笔，贷款金额达 6.22 万亿元，有力缓解民营企业"融资难"问题。

此外，为进一步聚焦市场主体关切，强化为市场主体服务，更大激发市场活力，增强发展内生动力，近年来国家税务总局统筹推进"金税四期"建设，以税收大数据为核心驱动数字化征管改革。其中，数字化电子发票（全电发票）实现全国覆盖，通过跨部门数据共享，有效遏制虚开发票等行为，同时精准匹配惠企政策。全电发票的"去介质化"和"去版式化"为纳税人免除税控设备费用及纸质发票管理成本，单户年均减负超千元，显著优化营商环境。

二、税收促进民营企业市场平等保护建设

所谓市场平等保护，是指在市场经济环境中，确保各类市场主体在法律地位、竞争机会、资源获取等方面受到公平、公正的对待。它对于促进市场经济的健康发展、激发市场活力、提高资源配置效率具有重要意义，有助于推动经济持续增长。

税收促进民营企业市场平等保护建设，其机理主要体现在以下几个方面：

一是公平税负。通过合理的税收政策，确保民营企业与其他市场主体承担相对公平的税收负担，避免因税收差异导致的不公平竞争。

二是激励创新。税收优惠政策可以激励民营企业加大研发投入，促进技术创新和产品升级，提升市场竞争力。

三是优化资源配置。税收手段可以引导资源向民营企业倾斜，促进资源的有效利用和合理配置。

四是营造良好环境。稳定的税收政策和规范的税收征管，为民营企业提供可预期的市场环境，增强其投资信心。

五是促进竞争。税收政策可以调节市场结构，防止垄断，促进民营企业之间的公平竞争。

习近平总书记指出："科学的财税体制是优化资源配置、维护市场统一、促进社会公平、实现国家长治久安的制度保障。"财税体制改革是全面深化改革

的一个重要组成部分，而税制改革则是财税体制改革的重要内容，关系到国家治理体系和治理能力现代化，是创造公平竞争的法治环境的重要基石。

　　一直以来，我国始终坚持优化税制，扎实开展"废改立释"工作，让税收法治体系与国家治理体系更加匹配，特别是党的十八大以来，我国税制改革持续推进并取得突破性成效。2013年11月，党的十八届三中全会通过《中共中央关于全面深化改革若干重大问题的决定》，第一次提出"落实税收法定原则"，充分体现了党和国家对税收法治化的重视和提升。2015年新修订的《中华人民共和国立法法》将"税收"的专属立法权单列，并规定"税种的设立、税率的确定和税收征收管理等税收基本制度"必须制定法律。2015年，党中央通过了《贯彻落实税收法定原则的实施意见》，对现行增值税、消费税、营业税、资源税、房产税、土地增值税、城镇土地使用税、城市维护建设税、印花税、契税、车辆购置税、耕地占用税、烟叶税、船舶吨税、关税等15个税收条例修改上升为法律作出了安排（营业税后因营改增废止）。党的十八大以来，我国税制改革全面发力、层层深入，取得了突破性进展。在多税种、多环节、多层次的税收体系基础上，完整、准确、全面地贯彻"创新、协调、绿色、开放、共享"的新发展理念，不断建立健全税种科学、结构优化、法律健全、规范公平的税收制度体系。截至2024年7月，18个税种中已有13个完成立法，包括企业所得税、个人所得税、增值税、资源税等，剩余的消费税等5个税种立法工作持续推进。税收法定原则的落实显著提升了税制透明度和稳定性，为经济高质量发展提供法治保障。

　　深化增值税改革为市场主体减轻负担。增值税是我国第一大税种，深化增值税改革是税制改革的"重头戏"。2012年在交通运输业等"1+6"行业率先开展营改增试点；2013年逐步扩大了营业税改征增值税的试点范围，为改革积累经验；2016年5月营改增在全国范围内全面推行，按照"开好票、报好税、分析好、改进好、总结好"五个步骤，顺利完成改革任务，实现所有行业税负

"只减不增"目标，有力引导我国经济结构调整，征收了 60 余年的营业税退出历史舞台，我国税制向现代化迈出历史性的关键一步；2017 年推行增值税"四档变三档"改革；2018 年实施降低增值税税率、统一小规模纳税人标准、对部分行业试行增值税期末留抵退税制度三项改革；2019 年，进一步降低税率，实行 13%、9%、6% 三档税率，完善增值税抵扣链条，正式建立留抵退税制度，在部分行业实行阶段性加计抵减政策；2020 年至 2021 年，分批制定税费支持政策，扩大部分先进制造业全额退还增量留抵增值税税额的政策范围；2022 年实施大规模增值税留抵退税制度，进一步完善增值税相关政策。增值税改革不但为企业降低税负、输血活血，而且在步步深化中更加规范化，顺应了国际趋势，适应了国家治理新要求，助力供给侧结构性改革，促进了经济增长新旧动能的有效转换，为经济平稳运行提供有力支持。

实施个人所得税改革为促进共同富裕提供保障。通过"三步走"完成综合与分类相结合的个人所得税改革，探索出了一条符合我国国情、处于国际领先、具有显著优势的个人所得税治理之路。2018 年 10 月 1 日，将个人所得税"起征点"提高至 5000 元/月，适用新税率，有序释放改革红利。2019 年 1 月 1 日起，新的《中华人民共和国个人所得税法》和《中华人民共和国个人所得税法实施条例》正式实施，将工资薪金、劳务报酬、稿酬、特许权使用费纳入综合所得，并引入子女教育、继续教育、大病医疗、住房贷款利息/租金、赡养老人等 6 项专项附加扣除，实现从分类税制向混合税制的转型；2020 年 6 月，个税改革后的首次综合所得年度汇算清缴顺利完成；2022 年，将 3 岁以下婴幼儿子女照护费用纳入个人所得税专项附加扣除；2023 年，进一步提高 3 岁以下婴幼儿照护等三项个人所得税专项附加扣除标准，以减轻家庭生育养育和赡养老人的支出负担，进一步改善民生。个人所得税"调高惠低"作用明显，提高了收入分配公平性，平衡了不同收入群体的税负，有利于缩小贫富差距，促进共同富裕。改革后，中低收入群体税收负担明显减轻，居民可支配收入提高，助力了消费增长。

优化企业所得税制度助力创新驱动。支持科技创新的税费优惠包括创业投资、研究与试验开发、成果转化、重点产业发展、全产业链等多方面，基本涵盖科技创新活动全链条各环节，有力服务国家创新体系建设。比如，2018 年起，购进单位价值不超过 500 万元的设备、器具允许一次性扣除；制造业及部分服务业企业符合条件的仪器、设备加速折旧；高新技术企业和科技型中小企业亏损结转年限延长至 10 年；国家鼓励的软件企业、集成电路企业分别享受"两免三减半"或定期减免优惠等。积极探索推进研发费用加计扣除政策，2013 年初开展扩围试点，9 月在全国推广；2015 年放宽享受条件，简化规范管理；2017 年科技型中小企业扣除比例提至 75％；2018 年扩至所有企业；2021 年制造业企业提至 100％；2023 年全行业统一执行 100％比例。研发费用加计扣除的政策不断完善，体现了税收政策的精准性、导向性，有力引导了企业积厚成势、创新发展。

建立绿色税收体系为美丽中国建设注入活力。牢固树立"绿水青山就是金山银山"理念，探索建立"多税共治""多策组合"的绿色税收体系，全面提高发展的"含绿量"。2016 年 7 月，我国全面推进资源税改革，实施清费立税、从价计征，同时在河北省试点开征水资源税；2017 年 12 月，水资源税试点扩至北京、天津等 9 个省市自治区，通过差别税率促进节水，有效推动资源节约集约利用；2018 年，《中华人民共和国环境保护税法》正式实施，对大气污染物、水污染物、固体废物和噪声四类主要污染物征收环境保护税，从源头上激励企业加强节能减排；《中华人民共和国耕地占用税法》《中华人民共和国资源税法》分别于 2019 年 9 月、2020 年 9 月实施，强化了对基本农田和资源的保护力度，拉起坚固的"防护网"。此外，消费税、增值税、企业所得税、车船税等税种都进行了相应调整。比如，将电池、涂料列入消费税征收范围，提高卷烟批发环节从价税税率，对超豪华小汽车在零售环节加征消费税，引导绿色消费；

完善资源综合利用增值税政策；扩大环境保护、节能节水项目企业所得税优惠目录范围等。绿色税收制度为推动市场主体绿色转型、促进生态文明建设贡献了积极力量。

2023 年 7 月，中共中央、国务院印发《中共中央 国务院关于促进民营经济发展壮大的意见》（以下简称《民营经济意见》），聚焦民营经济发展的全局性、前瞻性、关键性、深层次问题，推出一系列科学、务实、管用、高效的举措。《民营经济意见》指出，要依法保护民营企业产权和企业家权益，全面构建亲清政商关系，使各种所有制经济依法平等使用生产要素、公平参与市场竞争、同等受到法律保护，引导民营企业通过自身改革发展、合规经营、转型升级不断提升发展质量，促进民营经济做大做优做强。

三、税收支持民营经济产业升级和科技创新

现阶段，我国颠覆性、原创性科技创新还相对不足，部分领域核心技术还很缺乏，高端领域创新偏少，高技术创新人才较为短缺，经济产业结构及科技创新发展水平与高质量发展的要求还有一定差距。一方面，市场竞争压力促使民营企业不断进行产业升级，以提高产品质量和服务水平，满足消费者日益多样化和高品质的需求；另一方面，科技创新为民营经济产业升级提供了机遇，企业通过引入先进技术和设备，提升了生产效率和产品附加值。因此，民营经济宜向高端制造业升级，生产高附加值、高技术含量的产品，提升其在产业链中的地位；宜拓展新兴产业领域，如人工智能、大数据、新能源等，培育新的经济增长点；宜推动传统产业的智能化、绿色化改造，实现可持续发展。相应地，民营企业需要加大研发投入，提升自主创新能力，开发具有核心竞争力的产品和技术；加强品牌建设，提高品牌知名度和美誉度，增强市场竞争力；开展产业协同创新，与高校、科研机构、上下游企业合作，共同攻克关键技术难题。

税收支持民营经济产业升级和科技创新，其机理主要包括以下几个方面：

一是降低成本。通过税收优惠政策，减少民营企业在研发、创新和产业升级方面的投入成本，提高其积极性。

二是引导资源配置。引导社会资源向科技创新和产业升级领域倾斜，促进资源的优化整合。

三是激励创新行为。税收激励措施鼓励民营企业开展创新活动，推动科技创新和产业升级。

四是增强竞争力。帮助民营企业提升技术水平和产品质量，增强市场竞争力，促进其可持续发展。

五是促进产业协同。税收政策可以促进不同产业之间的协同发展，形成良好的产业生态环境，如研发费用加计扣除、高新技术企业税收优惠、税收抵免等税费支持政策，是税收支持民营经济产业升级和科技创新的重要落脚点。

近年来，一系列税费优惠政策落地生根，各地税务部门积极响应民营企业发展所需，不断优化税收营商环境，提升纳税服务质效，激发经营主体活力，提升民营企业创新发展动能。

精准推送税惠"活水"加速流向民营企业。2024 年，为全面贯彻落实《中共中央 国务院关于促进民营经济发展壮大的意见》，江苏出台《关于促进民营经济发展壮大的若干措施》（苏人社发〔2024〕33 号）（以下简称《措施》），瞄准制约民营经济高质量发展的堵点难点，推出 20 条举措助力江苏民营企业发展壮大。该《措施》强调，要综合运用多平台多渠道，精准推送助企惠企政策措施。南京税务部门精准落实一系列延续、优化、完善的税费优惠政策，运用税收大数据开展政策效应分析，梳理符合优惠政策条件的纳税人，以"精准推送"助力"税费红利"直达快享，推动税惠"活水"加速流向民营企业，减轻民营企业负担，激发市场活力。据报道，2023 年，南京世和基因生物技术股份有限公司（国家级专精特新"小巨人"企业）享受增值税加计抵减优惠约 322 万元，企业利用这笔资金，加大肿瘤早筛研发项目投入，逐步建立了科学可行、性价比高的肿瘤筛查管理模式；南京观海微电子有限公司（IC独角兽企业）享受了1440万元研发费用加计扣除，"真金白银"的税惠礼包为企业注入源源不断的发展动能。南京税务部门不折不扣落实好结构性减税降费政策，聚焦科技创新和制造业发展，支持民营企业增加研发投入，开展重大技术创新，持续提升创新创造能力。

走访问需，减免税赋能企业"智造"升级。福建税务部门为更好发挥税务职能作用，积极开展走访活动，推送税费红利账单。九牧集团是全球首个"绿色黑灯工厂"，智能化生产线取代传统的人工依赖，综合生产效率大幅提高37％。据报道，2023年，九牧集团享受各项税费优惠政策减免税额约2.3亿元，减免的税款转化为企业加大创新投入，提升核心竞争力的助推器。九牧集团2023年实现销售利润双增长，2024年新增就业岗位2000多人。据悉，当地税务部门常态化开展针对性走访以及个性化问需服务，及时精准向企业推送税费优惠政策和涉税风险提醒，持续优化税收营商环境。

精细辅导，助力中小民营企业发展壮大。为助力民营企业抢占发展制高点，稳预期、强信心、减负担、增动能，云南税务部门积极开展"问需解难"走访活动，结合企业所得税汇算清缴、电子税务局操作实务等发现的问题，为民营企业"量身定制"税费优惠政策"大礼包"和税收辅导"小课堂"，帮助民营企业算清算细政策红利账。寻甸福邦农业有限公司是云南省农业产业化省级重点龙头企业，也是当地主要的西餐专用蔬菜种植企业之一，2023年创造产值3700多万元，累计享受增值税减免36万元，企业所得税减免200多万元。作为最具活力、最具潜力、最具成长性的创新群体，科技型中小企业也是政策红利释放的重要阵地。据报道，云南拓恒科技有限公司是一家集应用创新、设备生产、方案设计、售后运维等业务为一体的科技型中小企业，先后获得多项专利技术，但企业在快速发展过程中也面临企业规模小、竞争力弱、资金周转困难等民营中小企业常见的问题。针对此类问题，当地税务部门在大数据精准"画像"的基础上，全面落实"一企一策"工作要求，精细化开展涉税政策及相关业务处理等方面的宣传辅导，高效解决企业业务办理中的"疑难杂症"，真正变"人找政策"为"政策找人"。①

四、税收促进民营经济科技人才体系构建

2021 年 9 月，习近平总书记在中央人才工作会议上指出："要坚持党管人才，坚持面向世界科技前沿、面向经济主战场、面向国家重大需求、面向人民生命健康，深入实施新时代人才强国战略，全方位培养、引进、用好人才……为 2050 年全面建成社会主义现代化强国打好人才基础。"

民营经济的高质量发展，需要相应的科技人才体系作为基础保障。税收促进民营经济科技人才体系构建，其机理主要体现在以下几个方面：吸引人才，税收优惠政策可以提高民营企业对科技人才的吸引力，使企业能够招揽到更多优秀人才；激励留存，通过税收激励措施，鼓励科技人才留在民营企业，稳定人才队伍；提升待遇，一定程度上增加科技人才的收入，改善其待遇水平，激发其工作积极性和创造力；培养与发展，税收支持企业加大对人才培养和发展的投入，提升科技人才的专业能力和综合素质；营造环境，有利于营造良好的人才发展环境，促进民营经济科技人才体系的健康发展。

通常，民营经济科技人才体系的构建与完善，需要技术、财政、金融、人力和教育等相关部门的高效配合协调，需要以企业为主体、市场为导向、产学研深度融合的创新体系作为支撑。基于税收视角，助力民营经济科技人才体系的构建与完善的思路，主要是降低民营经济的创新成本，提高科技人才的待遇和积极性，以及优化创新环境，如对创新主体实行税基式减免，加大对创新技术人才的激励制度等。

---

① https://m.thepaper.cn/baijiahao_26884759

一般来说，税收助力民营经济科技人才体系构建的主要措施包括：

提高研发费用税前加计扣除比例。针对民营经济创新主体，加大研发费用加计扣除比例，以降低企业的研发成本，鼓励企业加大研发投入，吸引和留住科技人才进行创新活动。例如，2021年制造业企业研发费用加计扣除比例提高到100%。

对高新技术企业按优惠税率征收企业所得税。对高新技术企业按优惠税率征税是国际通行做法，可大幅减轻科技型民营企业税收负担，有效提升企业的竞争力和科技人才的待遇，目前我国的优惠税率为15%。

试行增值税留抵退税和即征即退制度。自2019年4月1日起，我国试行增值税期末留抵税额退税制度；部分先进制造业享受更宽松条件（如取消门槛、100%退还）；2022年4月，政策扩围至存量留抵退税，覆盖小微企业、制造业等重点行业；此外，对软件、资源综合利用等领域的增值税实际税负超出规定部分，实施即征即退优惠，进一步减轻创新企业的负担。

推行科技成果转化税收优惠。对纳税人提供技术转让、技术开发和与之相关的技术咨询、技术服务免征增值税，以促进科技成果的转化和应用，激发科技人才的创新积极性。

实行特定地区税收优惠。在一些特定地区，如国家自主创新示范区等，实施特殊的税收优惠政策，包括公司型创投企业所得税优惠政策试点和技术转让所得税优惠政策试点等，以吸引科技人才聚集和促进区域创新发展。

出台人才相关税收优惠。制定直接服务于科技人才的税收优惠政策，对科技人才的个人所得税给予一定的减免或优惠，如减免个人的知识产权转让或许可收入、科研与技术成果奖金和津贴的所得税，以及对科技研发和技术人员的股票期权等所得长期实行税收减免激励制度，以提高科技人才的实际收入，增强对人才的吸引力。

优化税收征管服务。深化"放管服"改革，减少表单填写、资料报送等流程，提供自助办税服务，为包括科技企业和科技工作者在内的纳税人提供便利。如将研发费用享受加计扣除优惠的"年度申报制度"简化为"备案管理"，便于企业享受税收优惠。

加强税收政策宣传和辅导。税务部门可以通过编制税收优惠政策指引、推出税收优惠清单、精准推送直达享受等方式，帮助纳税人理解和运用政策，以确保民营企业和科技人才充分了解相关税收优惠政策，提高政策的知晓度和应用率。

开展税费支持政策评估。探索分析税收政策对科技创新的支持效果，包括减税政策的针对性、税负转嫁与归宿问题等，以便不断完善政策，使其更加精准有效。例如，加强对支持"从0到1"的原创性科研成果税收激励政策的评估，进一步健全促进创新的税费政策体系。

支持中小微科技创投企业。通过"大众创业、万众创新"的税收政策，减轻中小微科技创投企业的负担；同时，减征创业孵化器、技术产权交易中心、科技融资机构等科技创新中介服务机构的企业所得税，为科技企业提供良好的发展环境。

第三章

我国民营经济发展的
历史脉络

民营经济是相对于国有经济、国营经济而言，以非国有国营经济为主要成分的经济类型。"民营"一词最早出现于1931年出版的王春圃的《经济救国论》一书中，他将政府经营的企业定义为"官营"企业，民间私人经营的企业则定义为"民营"企业。毛泽东在抗战时期也使用了"民营"一词，他指出，"只有实事求是地发展公营和民营的经济，才能保障财政的供应。"[①]随着时代的变迁，民营经济内涵也在不断发生变化。整体上，民营经济的基本范畴仍以非公有制经济作为界定的基本范围。

第一节 中华人民共和国成立初期民营经济的发展

中华人民共和国成立之后，国民经济迫切需要恢复，国家采取了扶持各种经济成分共同发展的政策。但受孙中山先生"节制资本"思想和苏联社会主义模式等因素影响，加之我国实现工业化和发展计划经济的现实需要，直到改革开放前，我国民营经济经历了扶持发展、并购改造、逐步消亡等过程。这既有一定的历史发展必然性，也有鲜明的时代特征。

一、扶持民营经济发展时期（1949 年至 1952 年）

在这一阶段，我国国民经济处于恢复发展时期。民营经济对增加就业、恢复经济起到了极大的促进作用。1949年9月，在中国共产党的领导下，中国人民政治协商会议第一届全体会议在北京召开，会议通过了《中国人民政治协商会议共同纲领》（以下简称《共同纲领》）。《共同纲领》规定："没收官僚资本归人民的国家所有，有步骤地将封建半封建的土地所有制改变为农民的土地所有

---

① 毛泽东. 毛泽东选集（第3卷）[M]. 北京：人民出版社，1991：895.

制，保护国家的公共财产和合作社的财产，保护工人、农民、小资产阶级和民族资产阶级的经济利益及其私有财产，发展新民主主义的人民经济，稳步地变农业国为工业国。"由此可见，此期间对民营经济主要采取的是保护政策。《共同纲领》同时明确："中华人民共和国经济建设的根本方针，是以公私兼顾、劳资两利、城乡互助、内外交流的政策，达到发展生产、繁荣经济之目的。国家应在经营范围、原料供给、销售市场、劳动条件、技术设备、财政政策、金融政策等方面，调剂国营经济、合作社经济、农民和手工业者的个体经济、私人资本主义经济和国家资本主义经济，使各种社会经济成分在国营经济领导之下，分工合作，各得其所，以促进整个社会经济的发展。……凡有利于国计民生的私营经济事业，人民政府应鼓励其经营的积极性，并扶助其发展。"这从制度上确定了对以私人资本主义工商业为主的民营经济，国家采取以扶持为主的基本方针和具体措施。

1950 年，为了稳定经济局势和加快国民经济恢复，中央人民政府政务院颁布了《关于统一国家财政经济工作的决定》，开始实行统一财经政策。受这一政策影响，民营经济发展受到了一定的限制，也遭到了一定的打击。统一财经工作完成后，毛泽东同志在 1950 年的中共七届三中全会上提出"不要四面出击"。他针对党内一部分干部中存在要挤垮私营工商业的错误倾向指出："和资产阶级合作是肯定了的，不然《共同纲领》就成了一纸空文，政治上不利，经济上也吃亏。'不看僧面看佛面'，维持了私营工商业，第一维持了生产；第二维持了工人；第三工人还可以得些福利。当然中间也给资本家一定的利润。但比较而言，目前发展私营工商业，与其说对资本家有利，不如说对工人有利，对人民有利。"随后，我国不仅实施了合理调整工商业的政策，还颁布了《中华人民共和国私营企业投资暂行条例》，扶持了民营经济的发展。

在此阶段，我国国民经济得到了一定程度的恢复和发展。农业上，1949 年全国粮食产量约 1.13 亿吨，棉花产量仅为抗日战争前的 50% 左右。1950 年开始，全国农村进行了土地改革并开始组建互助组，粮食生产快速恢复。其中，粮食总产量达到 1.64 亿吨，是 1936 年的 109%。从 1949 年到 1952 年，我国粮食总产量年均增长 13.14%，人均粮食产量年均增长 10.94%。工业上，1949 年我国现代工业仅占工农业总产值的 17%，主要产品同历史最高年产量比较，煤减少 48%，铁减少 86%，钢减少 83%，棉纺织品减少 25%。由于农业生产没有恢复，以农产品为原料的轻工业产品连维持正常生产都很困难。到 1952 年底，我国国民经济恢复工作胜利完成：全国工农业总产值达 810 亿元，比 1949 年增长 77.5%，比历史上最高年产值增长 20%，主要工农业产品产量都达到并超过历史最高水平；交通运输全面恢复并得到发展，新修了成渝、天兰等铁路干线和康藏、青藏等公路；文化教育、医疗卫生、科学研究等事业也有较大发展，人民生活水平有了显著提高。全国职工平均工资比 1949 年提高 70%左右，农民收入平均增长 30%左右。工业总产值占全国工农业总产值的比重由 1949 年的 30%上升为 41.5%。① 国营经济掌握了国家的经济命脉，成为国民经济的领导力量。国民经济恢复任务的完成，为有计划的经济建设和社会主义改造创造了条件。

二、民营经济社会主义改造时期（1953 年至 1956 年）

在这一时期，我国实行对农业、手工业和资本主义工商业等行业的社会主义改造，促进了工、农、商业的社会变革和国民经济的发展，基本完成了把生产资料私有制转变为社会主义公有制的任务。初步建立社会主义基本制度，基本确立社会主义计划经济，为我国社会主义工业化开辟了道路。

1951 年底到 1952 年 10 月，我国在党政机关工作人员中开展了"反贪污、反浪费、反官僚主义"的"三反"运动，在私营工商业者中开展了"反行贿、反偷税漏税、反盗骗国家财产、反偷工减料、反盗窃国家经济情报"的"五反"运动。

①　数据来源：《中国统计年鉴》。

由于在"三反""五反"运动中暴露出许多不法资本家唯利是图、损人利己的"五毒"行为，促使国家下决心提前采取限制私人资本主义的政策。这一事件成为对民营资本由利用转向限制甚至打击政策的转折点。1953年5月，时任政务院秘书长的李维汉向中央提交了名为《资本主义工业中的公私关系问题》的调查报告，受到毛泽东等中央领导的高度重视，经修改形成题为《关于利用、限制、改造资本主义工商业的意见》的文件。同年6月15日，中央召开政治局会议，讨论李维汉的报告和社会主义改造问题，会议确定了过渡时期总路线。过渡时期总路线的实质是使生产资料的社会主义所有制成为我国唯一的经济基础，即逐步实现国家的社会主义工业化，逐步实现国家对农业、手工业和资本主义工商业的社会主义改造。在利用、限制和改造方针的指导下，私人资本首先被引导到国家资本主义轨道，再逐步转为社会主义经济。至1956年底，"三大改造"工作基本完成。我国私人资本主义经济转变为公私合营经济，传统农业和手工业通过合作化转化为合作经济。

随着"三大改造"运动的顺利完成，国家计划控制的范围逐步扩大。由于农产品统购统销政策的实施，农产品这一传统市场被纳入国家计划范围，市场活动空间进一步缩小。1956年与1952年相比，国营经济的比重由19.1%上升至32.2%，合作社经济由1.5%上升至53.4%，公私合营经济由0.7%上升至7.3%，社会主义经济成分合计达92.9%[①]，生产资料私有制的社会主义改造取得了决定性的胜利，农业、手工业个体所有制基本上转变为集体所有制。公有制占绝对优势的社会主义经济制度在我国初步建立起来。

三、民营经济基本消亡时期（1957年至1978年）

随着1957年整风"反右"运动的结束，1958年至1960年国内掀起了"大跃进"运动。这场运动的实质是通过对国民经济的总动员，发动各种经济力量，

---

① 数据来源：《中国统计年鉴》。

集中资源实现工业化和国民经济的飞跃发展。在一个以农业为主的社会里，这种动员必然是将农民和农业资源集中起来，从而导致了人民公社化运动。人民公社的特点是"一大二公"：所谓"大"，就是将经济规模通过集中而扩大；所谓"公"，就是以"平调"的方式集中资源。在人民公社化过程中，将含有合作性质的合作经济转为了集体经济。因此，农村的民营经济成分在此之后基本消亡。在城市，经工商业社会主义改造后，原有资本主义工商业转变为公私合营经济，民营企业已经没有了自主经营能力，但原有的私营企业主仍可以获取定期利息。1966 年后，这项定期利息被取消，公私合营企业完全转变为国营企业。至此，我国尚存的少量民营经济也被清扫。从 20 世纪 60 年代开始，国内出现"兴无灭资"和"斗私批修"等口号，70 年代出现了批判资产阶级法权和"割资本主义尾巴"运动，自留地、集市贸易、个体商贩、个体手工业者基本上都被当作"资本主义尾巴"割掉。一直到 1978 年，我国形成了完全的社会主义公有制经济，但整个国民经济发展陷入低效和停滞。

第二节　改革开放以来民营经济的发展

改革开放以来，我国民营经济的发展经历了一个从无到有、由小到大、从弱到强的过程。改革开放促进了我国民营经济的发展，而民营经济的发展又推动了改革开放事业的进一步深入。改革开放以来我国所取得的经济奇迹，得益于与经济发展相适应的制度改革及变迁。梳理改革开放以来我国民营经济的发展历史，大致可以分为初步形成(1978 年至 1988 年)、调整和稳定发展(1989 年至 2001 年)、巩固提升和调整(2002 年至 2012 年)三个阶段。其中，既有快速发展的时期，也有曲折反复的过程。民营经济在这一过程中逐步壮大、发展，见证了我国改革开放的艰辛历程。

一、初步形成阶段（1978 年至 1988 年）

1978 年，我国社会发展处于停滞状态，人民生活困难，生产经营活动难以正常运行。当年，我国 GDP 总量虽排名世界第 9，但人均 GDP 仅 381 元，外汇储备 1.67 亿美元。在政治运动影响和计划经济体制下，私营经济几乎消亡，个体劳动者从 1953 年的 898 万人下降到 1977 年的 15 万人。1977 年全国城镇待业人口超 2000 万，就业压力巨大。[①]

1978 年召开的党的十一届三中全会，决定以经济建设为中心，实行改革开放。1981 年，十一届六中全会提出"一定范围内的劳动者个体经济是公有制经济的必要补充"的重要观点，民营经济步入恢复再生阶段。在恢复初期，经济改革的重点在农村地区。随着农业生产责任制的推行，包产到组、包产到户、包干到户等方式在农村逐步推行。1982 年 1 月 1 日，中共中央下发一号文件，肯定家庭联产承包责任制。到 1983 年底，95％以上农户实行了包干到户，有力推动了农业生产发展。与此同时，手工业、养殖业、个体工商户、个体运输户等个体经济也在农村发展起来，解决了大量剩余农村劳动力的就业问题。

城市经济随后步入改革阶段。1979 年起，为缓解就业压力和商品短缺，中国逐步放开个体经济，城市商品流通体制开始改革。在减少工业品计划管理品种的同时，丰富了购销方式，开辟了多种流通渠道，推动了城乡产品的互相开放，促进了集体或个体形式的零售、饮食、服务等经济类型的发展。到 1984 年底，全国个体工商户达到 933 万户，同比增长 58.1％，从业人员 1304 万人，同比增长 74.6％。[②]

1984 年，党的十二届三中全会召开后，改革的重点从农村转移至城市。

---

① 数据来源：《中国统计年鉴》。
② 数据来源：《中国统计年鉴》。

会议通过《中共中央关于经济体制改革的决定》，明确"要使企业真正成为相对
独立的经济实体，成为自主经营、自负盈亏的社会主义商品生产者和经营者"。
1987 年，大量小型乡镇集体企业、长期亏损的国营小门店通过租赁或出售给
个人经营的方式，很快就转亏为盈。1988 年，修订后的《中华人民共和国宪
法》增加了"国家允许私营经济在规定的范围内存在和发展。私营经济是社会主
义公有制经济的补充。国家保护私营经济的合法权利和利益，对私营经济实行
引导、监督和管理"的规定，自此个体经济和私营经济有了合法地位，我国民
营经济初步重新形成。到 1988 年底，全国个体户达到 1452.7 万户，从业人员
达 2309.4 万人；私营企业达到 22.5 万户，从业人员达 360 万人。① 在这一阶
段，个体户仍然是民营经济的主体，私营企业尚处于萌芽发展阶段。

二、调整和稳定发展阶段（1989 年至 2001 年）

1989 年后，我国民营经济徘徊发展了 3 年。由于"价格双轨制"的存在，
以及各地一味追求经济发展速度，国民经济出现了结构失衡、投资和消费过
热、通货膨胀严重等情况。国内出现大范围的商品抢购和挤兑储蓄存款风潮，
倒买倒卖、囤积居奇现象严重。

1988 年党的十三届三中全会召开，决定开始治理经济环境、整顿经济秩
序、全面深化改革。私营企业和个体户存在的偷税漏税、欺诈勒索、哄抬物
价、扰乱市场秩序等行为成为整顿重点。1989 年是改革开放以来民营经济唯
一出现负增长的一年。当年全国登记注册个体工商户从 1988 年的 1453 万户减
少至 1247 万户，下降了 14.2%；从业人员相应减少了 363.5 万人，同比减少
了 15.8%；私营企业从 22.5 万户下降至 9.1 万户，同比减少了 59.56%。②

1989 年至 1991 年，为减轻民营经济下滑造成的不良影响，发挥民营经济

---

① 数据来源：《中国统计年鉴》。
② 数据来源：《中国统计年鉴》。

对经济建设的积极作用，国家对民营经济政策进行了多次调整放宽。对从事出口创汇、来料加工、来件装配、技术转让和新办的生产性私营企业的所得税予以减免，部分地方允许个体私营经济进入粮油等关系国计民生的农产品流通领域。在经历一系列的经济整顿之后，民营经济逐步恢复发展。1991年，全国登记注册个体工商户1416.8万户，同比增长6.7%，接近1988年水平；全国登记注册的私营企业为10.8万户，仍较1988年的22.5万户要少11.7万户。①个体工商户增长较快，私营企业户数增长缓慢，成为这一阶段前半段民营经济发展的主要特征。

1992年，邓小平同志发表了著名的"南方谈话"，使民营经济发展的政治环境和经济环境得到了前所未有的改善。特别是他强调"不争论，大胆地试，大胆地闯"，这极大地鼓舞了民营企业家们的信心和决心。1993年，党的十四届三中全会审议通过《中共中央关于建立社会主义市场经济体制若干问题的决定》，强调"坚持以公有制为主体、多种经济成分共同发展的方针"。1993年之后，我国发布了鼓励发展民营科技型企业的相关政策，并通过《中华人民共和国劳动法》(1994年)、《企业会计准则》(1993年)等法规规范民营经济的劳动管理、财务和税收制度。1996年，国家推动全面建立劳动合同制度，民营经济逐步纳入规范化轨道。1997年，党的十五大报告明确了"公有制为主体、多种所有制经济共同发展，是我国社会主义初级阶段的一项基本经济制度"，"非公有制经济是我国社会主义市场经济的重要组成部分"。1999年，修订后的《中华人民共和国宪法》也写入了"在法律规定范围内的个体经济、私营经济等非公有制经济，是社会主义市场经济的重要组成部分"，确定并提升了民营经济的法律地位。

从1992年民营经济逐步恢复以来，在社会主义市场经济体制确立和邓小平同志"南方谈话"的推动下，全国上下达成大力发展民营经济的共识。个体工

---

① 数据来源：《中国统计年鉴》。

商户数及其从业人数、私营企业户数及其从业人数均出现增长态势。1994 年底，私营企业户数已从 1993 年的 23.79 万户跃升至 43.2 万户，同期增长81.68%；从业人数也从 1993 年的 372.6 万人增长至 648.4 万人，年增长74.00%。此后数年，民营企业户数及其从业人数均呈现爆炸式增长。民营企业户数继 1997 年突破百万大关之后，又于 2001 年突破两百万大关；民营企业的从业人数从 1996 年突破千万大关后，又于 1999 年突破两千万大关。在此期间，尽管民营经济的增长曾受到一些影响，个体工商户数在 2000 年和 2001 年连续两年下滑，但其迅猛发展的整体态势没有消减，对国民经济的贡献能力进一步增强。到 2001 年末，民营经济创造的 GDP 超过了 3 万亿元，出口创汇近千亿美元，安置国有企业下岗职工 140 余万人，吸纳就业人口 7500 余万人。①

三、巩固提升和调整阶段（2002 年至 2012 年）

2001 年底，我国正式加入世界贸易组织（WTO），给民营经济的发展带来新的机遇。随着社会主义市场经济体制的初步建立，我国步入加快经济建设、全面建设小康社会的新阶段。

2002 年，党的十六大提出"坚持公有制为主体，促进非公有制经济发展，统一于社会主义现代化建设的进程中"，"必须毫不动摇地鼓励、支持和引导非公有制经济发展"。

2003 年 10 月，中共中央出台《中共中央关于完善社会主义市场经济体制若干问题的决定》，提出"大力发展和积极引导非公有制经济"，强调"个体、私营等非公有制经济是促进我国社会生产力发展的重要力量"。在此基础上，国家逐步放开了对个体私营经济的管制，修订了相关的法律法规和政策文件，放宽民间资本市场准入条件，推进政府职能转变，大力发展混合所有制经济等。2004 年 3 月通过的《中华人民共和国宪法修正案》（以下简称《宪法修正案》），

---

① 数据来源：《中国统计年鉴》。

进一步明确国家对发展非公有制经济的方针。《宪法修正案》将《中华人民共和国宪法》第十一条第二款修改为："国家保护个体经济、私营经济等非公有制经济的合法的权利和利益。国家鼓励、支持和引导非公有制经济的发展，并对非公有制经济依法实行监督和管理。"《宪法修正案》全面、准确地体现了党的十六大对非公有制经济既鼓励、支持、引导，又依法监督、管理，以促进非公有制经济健康发展的精神；也反映了我国社会主义初级阶段基本经济制度的实际情况，符合生产力发展的客观要求。

此阶段政策供给端的持续发力是民营经济发展的最大红利所在。

一方面，以体制突破为牵引推动市场发展（2002 年至 2007 年）。地方政府从自身职能转变入手，紧紧依托行政审批制度改革、机关效能建设、权力下放、推进国企改革等措施，以"刀刃向内"的自我革命为突破口不断增强改革力度和制度供给，"渐进式"突破原有体制机制障碍，为市场化改革保驾护航。如浙江省于 2004 年出台的《关于推动民营经济新飞跃的若干意见》，在进一步优化民营经济结构、推进民营企业创新、改善民营经济发展环境、加强对民营企业服务和监管等方面推出重大举措，为民营经济产业结构调整、增长方式转变奠定了主基调。

另一方面，以转型升级为主线强化要素支撑（2008 年至 2012 年）。2008 年的国际金融危机，进一步倒逼民营经济提速转型。面对挑战与机遇并存的转型关键期，政府积极试点民营经济政策，如浙江通过实行"不处罚、不追缴、不吊销"的"三不"政策在帮扶民营企业纾困、增强发展信心的同时，聚焦金融综合改革、产业集聚示范和对外开放先行等方面，不仅进一步强化了民营经济发展的金融要素支撑，而且通过完善产业政策，加快结构调整和发展方式转变，推动块状经济向先进制造业集群转型，形成了工业化、市场化、城市化联动发展的新模式。民营经济顺利渡过危机，从量的增长转向了质的跃迁，优势民企进入提升科技创新能力、创立品牌的上行通道，在国际化发展进程中取得历史性突破。

截至 2012 年底，我国共有民营企业 1085.72 万户，个体工商户首次突破 4000 万户，达 4059.27 万户，比 2011 年底增长了 8.06％。与此同时，个体工商户注册资金数额也迅速增加，截至 2012 年底，全国个体工商户注册资金总额达到 1.98 万亿元，同比增长 21.98％。[①]

第三节　党的十八大以来民营经济发展的新局面

党的十八大以来，习近平总书记高度重视民营经济发展，围绕民营经济健康发展、高质量发展发表一系列重要论述，党中央为支持民营经济发展作出一系列重要决策部署，不断推进新时代民营经济发展壮大的理论和实践创新。在习近平总书记的系列重要论述和党中央的重要决策部署指引下，我国在促进民营经济发展壮大、国有企业和民营企业共同发展、发展民营经济促进共同富裕、加强民营经济发展的法治保障等方面都取得了重要的进展，进一步解放和发展了生产力。通过改革赋能、系统创新的实践探索，民营经济已然是推进中国式现代化的生力军、高质量发展的重要基础和推动我国全面建成社会主义现代化强国的重要力量。

一、新时代我国民营经济发展理论取得的重要成就

（一）首次提出"促进民营经济发展壮大"

党的十八大以来，我们党深刻把握新时代生产力与生产关系变化的基本规律与内在逻辑，不断推进马克思主义中国化时代化，对民营经济的重要地位和作用进行了理论上的深化，强调坚持"两个毫不动摇""三个没有变"；鲜明指出

---

① 数据来源：《中国统计年鉴》。

"民营经济是我国经济制度的内在要素，民营企业和民营企业家是我们自己人"；明确"我国民营经济只能壮大、不能弱化，不仅不能'离场'，而且要走向更加广阔的舞台"。

党的十八届三中全会公报指出，"公有制经济和非公有制经济都是社会主义市场经济的重要组成部分"。党的十九大把"两个毫不动摇"写入新时代坚持和发展中国特色社会主义的基本方略。党的十九届四中全会则基于新的实践和发展需要，指出"中国社会主义初级阶段的基本经济制度包括社会主义公有制为主体、多种所有制经济共同发展，按劳分配为主体、多种分配方式并存，社会主义市场经济体制"。

党的二十大报告首次提出"促进民营经济发展壮大"。促进民营经济发展壮大，突破了原有的单一经济成分主体的传统认识及对民营经济发展的隐性观念束缚，意味着民营经济也是社会主义市场经济中举足轻重的经济成分之一。党的二十大之后，党中央连续作出一系列重要部署，推出了全面贯彻落实新时代民营经济发展壮大的多项重大举措，进一步推动了促进民营经济发展壮大的理论创新，丰富了民营经济在新时代发展的理论内涵，巩固了民营经济在社会主义市场经济中的重要地位，夯实了民营经济发展壮大的体制基础，也极大地拓展了民营经济发展壮大的制度边界。

"促进民营经济发展壮大"已然成为继续深化民营经济发展理论的新起点。接下来，我们将沿着促进民营经济发展壮大的方向进行系统的理论深化和实践，进一步明确民营经济的重要地位和作用，有效消除对所有制的认识偏差，更好地发挥民营经济作为社会主义市场经济中最活跃经济成分的重要作用。

(二)平等对待国有经济和民营经济，促进二者共同发展

一般来说，国有经济和民营经济的关系，内嵌着民营经济的制度环境及市场准入、产业规则，事关民营经济是否以及如何发展壮大。正确处理国有经济和民营经济关系的关键，是要在理论维度纠正"国有经济等于公有制经济"和

"民营经济等于非公有制经济"的理论认识偏差，真正平等对待国有经济和民营经济。

党的十八大报告提出，"保证各种所有制经济依法平等使用生产要素、公平参与市场竞争、同等受到法律保护"。党的十八届三中全会审议通过的《中共中央关于全面深化改革若干重大问题的决定》指出，"坚持权利平等、机会平等、规则平等，废除对非公有制经济各种形式的不合理规定，消除各种隐性壁垒"。党的十八届五中全会强调，"鼓励民营企业依法进入更多领域，引入非国有资本参与国有企业改革，更好激发非公有制经济活力和创造力"。党的十九大提出"激发各类市场主体活力"。

党的二十大报告提出"优化民营企业发展环境"。2022年12月召开的中央经济工作会议指出："要从制度和法律上把对国企民企平等对待的要求落下来，从政策和舆论上鼓励支持民营经济和民营企业发展壮大。"习近平总书记指出，"要优化民营企业发展环境，破除制约民营企业公平参与市场竞争的制度障碍，依法维护民营企业产权和企业家权益，从制度和法律上把对国企民企平等对待的要求落下来，鼓励和支持民营经济和民营企业发展壮大"，"把公有制经济巩固好、发展好，同鼓励、支持、引导非公有制经济发展不是对立的，而是有机统一的"，"公有制经济、非公有制经济应该相辅相成、相得益彰，而不是相互排斥、相互抵消"。

平等对待国有经济和民营经济，真正落实多种所有制经济共同发展，是新时代民营经济发展壮大的又一理论创新，也是中国特色社会主义市场经济理论的重大进展，进一步厘清了有关民营经济内涵及发展的理论，有助于国有经济和民营经济更好地共同发展。

（三）发展民营经济促进共同富裕

我国民营经济作为社会主义市场经济中最为活跃的经济形态，不仅是国民财富的重要源泉，为做大"蛋糕"起到了重要作用，也为分好"蛋糕"作出了突出贡献，在稳定增长、促进创新、增加就业、改善民生等方面发挥了重要作用，成为推动经济社会发展的重要力量。

我们党始终坚持以人民为中心的发展思想，高度关注促进全体人民共同富裕。习近平总书记强调"实现共同富裕不仅是经济问题，而且是关系党的执政基础的重大政治问题"，"中国式现代化是全体人民共同富裕的现代化"；明确"要积极发挥民营企业在稳就业、促增收中的重要作用"，"无论是国有企业还是民营企业，都是促进共同富裕的重要力量，都必须担负促进共同富裕的社会责任"，要求"民营企业家要增强家国情怀，自觉践行以人民为中心的发展思想，增强先富带后富、促进共同富裕的责任感和使命感"。

新时代民营经济的发展壮大是促进全体人民共同富裕的重要力量，促进共同富裕是民营经济发展的内在要求和应有之义，有助于民营经济承担社会责任、健康发展。

（四）加强民营经济发展的法治保障

党的十八大以来，我们党高度重视产权保护和公平竞争的法治保障，不断优化民营企业发展环境。党的十八届三中全会提出，"国家保护各种所有制经济产权和合法利益"。党的十八届四中全会提出，"健全以公平为核心原则的产权保护制度"。党的十九大把"两个毫不动摇"写入新时代坚持和发展中国特色社会主义的基本方略，提出"支持民营企业发展，激发各类市场主体活力"。党的二十大报告提出，"依法保护民营企业产权和企业家权益"，"依法规范和引导资本健康发展"。加快推进民营企业产权保护的法治建设，切实增强市场规则的明确性，有利于增强对公权力行使中任意性的约束，切实增强市场经济活动规则的明确性，改善民营经济发展壮大的制度环境。

法治保障是民营经济健康发展、高质量发展的关键。接下来，还亟须深化民营经济发展壮大的法治保障理论研究，有效地约束公权力，强化民营经济发展的法治保障，更好地优化民营经济的营商环境，为促进民营经济发展壮大、行稳致远的制度建设提供重要理论支撑。

二、党的十八大以来民营经济的高质量发展

党的十八大以来，政府积极回应民营经济高质量发展对制度环境的新需求，进一步厘清权力清单和政策边界，实现职能转变，形成激发民营经济持续发展的制度演进动力。具体来说，民营经济发展政策呈现出由局部到整体、由内部改革到外部创新的演进轨迹，涵盖营商环境优化、高质量发展等多元政策类型，既有阶段性侧重，又有一脉相承、叠加深化；充分体现了对市场微观主体进行的中立竞争赋能，优化经济个体的能力累积及分布结构，激励创新，增进市场，在兼容效率机制下改善分配。

（一）以改革赋能为导向的环境优化阶段（2013 年至 2017 年）

进入新时代，民营经济发展迎来了新的机遇，但也面临新的挑战。民营经济解决了市场准入问题，不仅与国有经济站在平等的竞争地位之上，也同样承担着国民经济发展的战略性任务，面对着国内市场和国际市场竞争的考验。

2016 年 11 月 27 日，中共中央、国务院发布的《中共中央 国务院关于完善产权保护制度依法保护产权的意见》指出，"有恒产者有恒心，经济主体财产权的有效保障和实现是经济社会持续健康发展的基础"，"健全以公平为核心原则的产权保护制度，毫不动摇巩固和发展公有制经济，毫不动摇鼓励、支持、引导非公有制经济发展，公有制经济财产权不可侵犯，非公有制经济财产权同样不可侵犯"，"坚持权利平等、机会平等、规则平等，废除对非公有制经济各种形式的不合理规定，消除各种隐性壁垒，保证各种所有制经济依法平等使用生产要素、公开公平公正参与市场竞争、同等受到法律保护、共同履行社会责任"，"对涉及重大财产处置的产权纠纷申诉案件、民营企业和投资人违法申诉案件依法甄别，确属事实不清、证据不足、适用法律错误的错案冤案，要依法予以纠正并赔偿当事人的损失"。这是我国首次以中央名义出台产权保护的顶

层设计，不仅提出非公有制经济财产权同样不可侵犯，同等受到法律保护，还对改革开放以来出现的不规范经营问题提出"不溯及既往"等原则。这是我国民营经济政策的历史性突破，对未来经济长期稳健运行具有非常重要的意义。

党的十八大以来，针对民营经济审批事项、市场准入、融资难、融资贵等问题，政府的支持政策由点及面，形成了全要素供给形态。一方面，以独具标识性的"放管服"改革为总抓手，政府以自身的"减法"换市场发展的"乘法"。另一方面，以持续深化改革为支撑，兼顾各类市场主体，推动小微企业和传统制造业提质增效。同时，全面启动要素市场化配置改革，在水权交易制度、差别电价改革和煤电价格联动改革、生态补偿机制等方面压茬推进试点工作。进一步以市场化、法治化、国际化标准创新性推动营商环境全面优化，民营经济发展持续上规模、上水平、上档次。

党的十九大报告提出："经过长期努力，中国特色社会主义进入了新时代……必须坚持和完善我国社会主义基本经济制度和分配制度，毫不动摇巩固和发展公有制经济，毫不动摇鼓励、支持、引导非公有制经济发展……全面实施市场准入负面清单制度，清理废除妨碍统一市场和公平竞争的各种规定和做法，支持民营企业发展，激发各类市场主体活力……努力实现更高质量、更有效率、更加公平、更可持续的发展。"

截至 2017 年底，我国民营企业数量为 2726.3 万家，个体工商户超过 6579.3 万户，合计占全部市场主体的 94.8%，注册资本超过 165 万亿元，从业人员 3.41 亿人。仅 2017 年这一年，我国新设个体工商户 1289.8 万户，增长 20.7%，较 2016 年的 5.7% 大幅提升。随着民营经济的不断壮大，其在整个国民经济发展中的作用和地位也在日益凸显。数据显示，2012 年以来，民间投资占全国固定资产投资比重已连续 5 年超过 60%，最高时达到 65.4%。尤其是在制造业领域，目前民间投资的比重已经超过 80%，民间投资已经成为投资的主力军。数据还表明，民营经济贡献了 50% 以上的税收，60% 左右的 GDP，70％以上的技术创新成果，80％以上的城镇劳动就业，90％以上的企业数量。我国民营经济发展质量不断提高，越来越多地进入高新技术领域和新兴领域，部分企业已经在高新技术、新业态等细分领域处于领跑地位。

（二）以系统创新为导向的高质量发展阶段（2018 年至今）

2018 年以来，我国经济由高速增长阶段转向高质量发展阶段。这一阶段，民营经济发展面临前所未有的新环境，世界百年未有之大变局与中华民族伟大复兴战略全局交织联动，不确定、不稳定因素增多，民营经济发展政策密集出台，分别围绕民营经济高质量发展、营商环境提升、制造业高质量发展、"两个健康"以及助企纾困等方面，从制度供给和法治保障层面着手，进一步深入破除民营企业高质量发展的体制机制障碍。通过改善民企发展的立法环境、夯实保护民企合法权益的司法环境、稳定民营经济发展政策、完善激励民企技术研发的创新环境、营造支持民营企业发展的舆论环境等政策措施，切实保护民企产权、打破产业制度壁垒、完善市场经济制度。2024 年 7 月，党的二十届三中全会聚焦构建高水平社会主义市场经济体制，更好发挥市场机制作用，创造更加公平、更有活力的市场环境，部署了一系列有利于民营经济高质量发展的重大任务。

我国政府坚持"一张蓝图绘到底"，突出科技创新驱动支撑，适时适度依托政策创新，对民营经济市场主体资源配置和动态竞争能力进行"中立赋能"，有效实现市场增进、分配优化与可持续增长。

一是在组织方式上形成市场配置资源为主的组织格局，构建了民营经济转型升级的制度保障。长期以来，政府立足法治原则和"竞争中性"原则，对市场主体进行"中立赋能"，工作重心转向营商环境优化和制度完善上，强调事中、事后监管；产业政策从选择性转向功能性，将组织决策交由市场主体，让市场在资源配置中起决定性作用，从而减少社会资源错配，更好激发企业家精神，形成产学研协同创新机制。

二是在研发活动上实现以市场导向为主体，提升了民营经济转型升级的核心竞争力。研发活动是以制造业为主的实体经济提升竞争力的重要指标。过去，我国研发投入结构不合理、产出率不高、基础研究占比偏低，民营企业存在严重的技术锁定现象。通过不断深化金融供给、人才培育、科创平台支撑、科研激励机制等方面的改革，逐步形成了以政府推动转向市场主导的研发创新格局。在互联网民营经济迅猛发展的时代背景下，越来越多的市场主体开始搭载数字经济，实施创新驱动发展战略、重视企业研发所带来的持久竞争优势。

三是在市场格局上打造一体化开放格局，解决了民营经济转型升级的市场规模问题。市场规模是产业升级的前提条件，"双循环"背景下，国内市场一体化重要性日益凸显。区域间要素流动壁垒、市场准入限制、地方政府"竞标赛"机制等因素导致了市场分割问题。市场分割虽在短期内保护了初创期企业的成长，但从长远来看不仅导致了要素配置效率扭曲，也阻碍了企业发展边界的延展，限制了产业集聚和技术创新溢出效应的发挥。政府激励机制、深化国企改革、公平市场准入、内外需协调发展等方面协同发力，推动市场从"分割"转向"统一"，为民营经济发展提供了更为广阔的成长空间。

四是在创新方式上转向自主创新为主，打破了民营经济转型升级的路径依赖难题。创新驱动高质量发展，多元化创新要素组合是经济发展的内驱动力。新发展阶段，我国要从"模仿—创新"的后发优势视角转到自主创新为主的先发优势创新视角，以此摆脱价值链中低端锁定、关键核心技术依赖的"卡脖子"难题。在制度变迁和政策演进推动下，基于涵盖组织方式、研发活动和市场格局的社会技术层面的转变，为企业生产技术层面的创新方式转化夯实了基础。通过完善产权保护、注重品牌效益、更新企业战略观念，民营经济对创新的支持能力和创新质量大幅提升，在技术赶超和自主创新上做到了统筹兼顾。

市场监管总局数据显示，截至 2024 年 9 月底，我国实有民营经济主体总量达 18086.48 万户，占经营主体总量的 96.37%，同比增长 3.93%，10 余年间增长超 4 倍。其中,民营企业 5554.23 万户(同比增长 6.02%)、个体工商户 12532.25 万户(同比增长 3.03%)。从行业分布看,以住宿和餐饮业,居民服务、修理和其他服务业,批发和零售业以及交通运输、仓储和邮政业为代表的服务业集中了大量的民营经济主体。批发和零售业作为连接生产和消费的桥梁,其民营经济主体占比高也反映了我国商品市场的活跃。数据还显示,2012年到 2023 年,民营企业占全国企业总量的比重由 79.4% 提高至 92.3%,个体工商户由 4000 余万户增加至 1.24 亿户,民营企业进出口额年均增长 11.1%,占全国进出口总额的比重由 30% 左右增长至 50% 以上;2019 年开始,民营企业成为我国第一大外贸经营主体。为优化民营经济发展环境,保证各类经济组织公平参与市场竞争,促进民营经济健康发展和民营经济人士健康成长,我国已启动《中华人民共和国民营经济促进法》立法调研和草案起草工作,2024 年10 月,《中华人民共和国民营经济促进法(草案征求意见稿)》向社会公开征求意见。

第四章

湖南民营经济发展
状况研究

第一节　湖南民营经济发展的历史脉络

湖南省于 1949 年 8 月和平解放，1950 年成立湖南省人民政府。1949 年底，湖南完成没收官僚资本的任务，建立起贸易、土产、蛋品、医药、专卖、盐业、茶叶、粮食、花纱布、百货、石油和工业器材等 12 个省级国营专业公司，部分地市县设立了分支机构，基层设立采购、批发和零售经营网点，把湖南省的经济命脉控制在政府手中，为这一时期采取有效手段以平抑物价、加强调控、打击不法商人的投机活动，保证国民经济的恢复和人民生活的需要提供了物质条件。农业方面，全省从 1949 年粮食总产量 64 亿斤、40％以上土地撂荒，到耕地面积扩大，"一五"期间调出粮食 25.5 亿余斤；工业方面，"一五"期间中央和湖南省政府共投资 4.78 亿元，完成限额以上的大中型建设项目 38 个以及苏联援建的 156 项重点项目中的 7 项，全省新建的 434 个厂矿企业中，部属和省属的大中型骨干企业 30 个。[①] 国家重点工程对湖南工业体系的建设起到了基础性作用，带动了湖南工业的发展，一批新型工业城市在湖南崛起。如株洲在 1953 年被列为全国八大工业重点建设城市，从一个小城镇发展为受人瞩目的新兴工业城市。

第二节　湖南民营经济发展的基本特点

党的十八大以来，湖南坚持"两个毫不动摇""三个没有变""两个健康"，出台一系列重大政策举措，促进民营经济高质量发展，湖南民营经济发展站上了

[①]　数据来源：《湖南统计年鉴》。

新的台阶。自 2012 年以来，湖南民营经济实力持续壮大、产业结构持续优化、创新活力持续迸发、社会贡献持续提高，已经成为稳定经济的重要基础、财政税收的重要来源、创新发展的重要主体、吸纳就业的重要依托，呈现良好发展格局。其主要特点如下：

一是民营经济的总量主体不断扩大。2021 年，全省民营经济增加值较 2012 年增长 1.58 倍，民营经济 GDP 占比从 2012 年的 56.5％提高至 2021 年的 70.0％。2023 年，全省民营经济市场主体 682.81 万户，较 2012 年增加 328.43 万户。其中，私营企业数量由 2012 年的 24.89 万户增长到 2023 年的 173.29 万户，居全国第 13 位，中部六省(河南、山西、安徽、湖北、湖南、江西)第 4 位；个体工商户数量由 2012 年的 168.04 万户增长到 2023 年的 509.51 万户，居全国第 11 位，中部六省第 4 位。民营经济主体在全省经营主体中的占比已达 96.14％。与此同时，个体工商户涉税经营主体数量和登记从业人数稳步增加。截至 2023 年末，全省实有涉税个体工商户 509.51 万户，个体工商户经营主体登记从业人数 907.19 万人。

二是民营经济的质量效益持续向好。截至 2023 年，全省第一、第二、第三产业的民营经济主体数量分别为 33.30 万户、56.12 万户、593.38 万户，占比分别为 4.86％、8.22％、86.90％。2023 年第一产业民营经济同比增幅最高，为 28.17％，分别比第二、三产业高 14.73 和 17.18 个百分点，民营经济结构进一步优化，第三产业占比稳步提升。截至 2023 年，湖南企业主体在全部经营主体中的占比为 24.51％，较 2022 年末提高 1.78 个百分点。私营企业和个体工商户的比例从 2021 年的 0.28：1 提高到 2023 年的 0.34：1，体现出结构优化的趋势。全省年营业收入超过 100 亿元的民营企业数量达到 16 家，比 2012 年增加 7 家。2023 年，7 家湖南民营企业进入中国民营企业 500 强。

三是民营经济的社会贡献不断提高。2021 年，民营经济对全省经济增长贡献率超 75％，比 2012 年提高了 9 个百分点。民营经济上缴税收收入达 2851

亿元,是 2012 年的 2.33 倍,占全省上缴税收的 63.25%,比 2012 年提高了 9.55 个百分点。民间投资占全部投资的比重为 62.60%,比 2012 年提高了 2.00 个百分点。民营企业进出口总额 4647.8 亿元,比 2012 年增加 4084.59 亿元,复合年均增长率 23.50%(2012—2021 年)。全省民营企业进出口总值占全省外贸总值的 77.60%,比 2012 年提高了 8.30 个百分点。民营经济占全省新增就业岗位的比重提高到 95% 以上。

四是民营经济的创新驱动全面推进。截至 2023 年,全省已培育省级专精特新"小巨人"企业 1977 家。其中国家专精特新"小巨人"企业 232 家,居全国第 7、中部六省第 1;新评价入库科技型中小企业 1.14 万家,民营高新技术企业突破 1.4 万家。"小巨人"企业和高新技术企业绝大部分是民营企业,占比超过 90%。"三个高地"相关的制造业、科学研究和技术服务业的民营经济主体从 2021 年到 2023 年累计增长 38.27%,实现平稳较快增长。

五是民营经济区域、城乡发展存在不平衡。长株潭地区成为全省民营经济核心引擎,民营经济发展优势明显。截至 2023 年末,长株潭地区民营企业户数占全省的 46.64%,注册资本占全省的 52.81%。长沙市民营企业户数占全省的 36.36%,注册资本占全省的 44.76%。民营经济在城乡地区的发展上也呈现不平衡,县域民营经济主体户数占比过半,增速略高于城区。截至 2023 年末,全省县域实有民营经济主体 378.52 万户,占比为 55.24%;县域民营经济主体净增 42.49 万户,净增幅为 12.65%,高于城区 0.72 个百分点。但湖南县域民营经济以农业、传统制造业为主,高新技术企业占比低,个体户占比高,企业规模普遍小于城区。

第三节　湖南民营经济发展现状

一、近年来民营经济逐渐成为经济增长主力，出现新的发展迹象

（一）民营经济近年来增长平稳，成为解决就业的主体

截至 2023 年末，全省实有私营企业 173.29 万户，个体工商户 509.51 万户。从全省民营经营主体净增幅来看，2023 年净增幅为 11.92%，2022 年为 16.47%，2021 年为 11.92%，民营经济主体数量实现平稳增长。2023 年全省经营主体净增 77.39 万户，增幅为 12.18%；个体工商户净增 43.89 万户，增幅为 9.43%。2023 年湖南私营企业和个体工商户净增情况见表 4-1，2021 年至 2023 年湖南民营经营主体净增户数在全部经营主体中的占比见表 4-2。

2021 年至 2023 年末，全省民营经营主体年末实有户数逐年增加，其中私营企业增速高于个体工商户。2023 年，私营企业增幅为 19.97%，个体工商户增幅为 9.43%。2023 年，湖南实有私营企业和个体工商户的数量比为 0.34∶1，高于 2022 年的 0.31∶1 和 2021 年的 0.28∶1，表明湖南私营企业比重逐年提高，民营经营主体结构正在逐步优化。

此外，2023 年，湖南省民营经济充分发挥就业"主力军"作用，全年吸纳就业人数占全省 95% 以上，总规模约 2600 万人。截至年末，全省 510.55 万户个体工商户带动就业 907.19 万人，174.71 万户私营企业创造约 1700 万个就业岗位。长株潭地区集聚了全省 70% 的高新技术企业，提供 30% 的技术岗位；县域民营经济贡献 55% 的就业，增速高于城区。通过"湘商回归"工程和"个转企"政策，全年新增就业岗位超 12 万个，展现出较强的就业吸纳能力和经济韧性。

表 4-1　2023 年湖南省私营企业和个体工商户净增情况

单位：户

经营主体	2023 年末实有	2022 年末实有	净增户数	增幅
私营主体	1732922	1444496	288426	19.97%
个体工商户	5095139	4656233	438906	9.43%
合计	6828061	6100729	727332	11.92%

表 4-2　2021—2023 年湖南省民营经营主体净增情况

年份	全部经营主体		民营经营主体		占比
	净增户数	增幅	净增户数	增幅	
2021 年	572790	11.72%	557823	11.92%	97.39%
2022 年	892695	16.35%	862637	16.47%	96.63%
2023 年	773945	12.18%	727332	11.92%	93.98%

（二）民营经济注册资金规模稳步增长，但户均投入有所下降

截至 2023 年末，全省私营企业注册资本为 80736.91 亿元，占全省经营主体的 57.46%，个体工商户注册资本为 5660.02 亿元，占全省经营主体的 4.03%。在全省私营企业和个体工商户注册资金规模稳步增长的同时，民营经营主体的户均投入有所下降。从户均注册资本看，民营经营主体的户均注册资本自 2021 年起逐年下降。私营企业 2021 年至 2023 年户均注册资本分别为 574.01 万元、504.38 万元、465.90 万元，同比分别下降 2.76%、12.13%、7.63%；个体工商户 2021 年至 2023 年户均注册资本分别为 12.09 万元、11.24 万元、11.11 万元，同比分别下降 2.80%、7.02%、1.16%。

二、民营经济在湖南经济中的补充地位没有改变，传统产业发展迅速

(一)民营经济传统产业占比较高，在湖南经济中的补充地位未改变

截至 2023 年末，湖南第一、第二、第三产业的民营经营主体数量分别为 33.30 万户、56.12 万户、593.38 万户，占比分别为 4.86%、8.22%、86.90%(表 4-3)。从私营企业的行业占比看，批发和零售业占比最高，达到 29.80%；其次是租赁和商务服务业，占比 13.18%；第三是建筑业，占比 11.46%；其他依次是农林牧渔业占比 8.72%、科学研究和技术服务业占比 8.45%、制造业占比 7.03%、信息传输软件和信息技术服务业占比 6.01%、文化体育和娱乐业占比 3.04%、居民服务、修理和其他服务业占比 2.99%、房地产业占比 2.35%、交通运输仓储和邮政业占比 2.09%和住宿餐饮业占比 1.88%等。从个体工商户的行业占比看，批发和零售行业占比最高，达到 58.90%；其次是住宿餐饮业占比 13.03%；第三是居民服务、修理和其他服务业占比 9.0%；其他依次是交通运输仓储和邮政业占比 4.78%、农林牧渔业占比 4.01%、制造业占比 3.60%、租赁和商务服务业占比 3.15%、信息传输软件和信息技术服务业占比 1.08%等。整体上，湖南民营经济第三产业实有户数占比较高，第一产业增速较快，民营经济在湖南传统产业中占比偏高、技术含量偏低、补充地位的状况没有改变。

表 4-3　2023 年末湖南省第一、第二、第三产业民营经济占比情况分析

单位：户

产业类别	个私合计			私营企业			个体工商户		
	期末实有	占比	净增幅	期末实有	占比	净增幅	期末实有	占比	净增幅
第一产业	333033	4.86%	28.17%	138165	7.91%	35.92%	194868	3.82%	23.20%

续表

产业类别	个私合计			私营企业			个体工商户		
	期末实有	占比	净增幅	期末实有	占比	净增幅	期末实有	占比	净增幅
第二产业	561229	8.22%	13.44%	338813	19.55%	17.00%	222416	4.37%	8.41%
第三产业	5933799	86.90%	10.99%	1255944	72.48%	19.24%	4677855	91.81%	7.97%
合计	6828061	100%	11.92%	1732922	100%	19.97%	5095139	100%	9.43%

(二)民营经济第一、第二、第三产业发展迅速，呈现新的特点

截至 2023 年末，湖南民营经济在第一产业实有私营企业和个体工商户分别为 13.82 万户、19.49 万户，分别占民营经济第一产业全部经营主体的 41.49%、58.51%。从行业类别看，私营企业和个体工商户主要集中在农业和畜牧业两大行业，年末实有户数在第一产业实有民营经营主体中的占比分别为 51.47% 和 32.78%。2023 年，湖南民营经济在农林牧渔业方面发展迅速，突出体现了湖南"鱼米之乡"的特点。其中，私营企业农业、畜牧业同比增幅超过 30%，个体工商户农业同比增幅超过 30%。民营经济渔业发展更为迅猛，私营企业同比增幅 51.11%，个体工商户同比增幅 26.70%。具体情况如表 4-4 所示。

表 4-4　2023 年末湖南省第一产业私营企业和个体工商户实有情况

单位：户

第一产业	私营企业			个体工商户		
	年末实有	占比	同比增幅	年末实有	占比	同比增幅
农业	85793	62.09%	35.71%	85608	43.93%	33.2%
林业	6942	5.02%	26.43%	11764	6.04%	8.72%
畜牧业	33069	23.93%	33.55%	76092	39.05%	14.96%

续表

第一产业	私营企业			个体工商户		
	年末实有	占比	同比增幅	年末实有	占比	同比增幅
渔业	12361	8.95%	51.11%	21404	10.98%	26.70%

从湖南民营经济第二产业发展来看，私营企业比个体工商户发展更快。截至 2023 年，第二产业实有私营企业和个体工商户 33.88 万户、22.24 万户，分别占第二产业实有民营经营主体的 60.37%、39.53%。从行业类别看，私营企业中电力、热力、燃气及水生产和供应业同比增幅最大，同比增长 25.64%。个体工商户中建筑业同比增幅最快，同比增长 27.31%。私营企业中建筑业、制造业增长也较为迅速，增幅分别为 18.08%、14.31%。具体情况如表 4-5 所示。

表 4-5　2023 年末湖南省第二产业私营企业和个体工商户实有情况

单位：户

第二产业	私营企业			个体工商户		
	年末实有	占比	同比增幅	年末实有	占比	同比增幅
采矿业	4805	1.42%	1.37%	1433	0.64%	3.24%
制造业	122842	36.26%	14.31%	183946	82.70%	4.69%
电力、热力、燃气及水生产和供应业	11012	3.25%	25.64%	3184	1.43%	1.08%
建筑业	200154	59.08%	18.08%	33853	15.22%	27.31%

广义的第三产业包括生产性服务业、消费性服务业、公共性服务业等类型，其中生产性服务业包括批发业，交通运输、仓储和邮政业，信息传输、软件和信息技术服务业，金融业，租赁和商务服务业，科学研究和技术服务业等；消费性服务业包括零售业，住宿和餐饮业，房地产业，居民服务、修理和

其他服务业等；公共性服务业包括教育，水利、环境和公共设施管理业，卫生和社会工作，文化、体育和娱乐业等。截至 2023 年，民营经济第三产业实有私营企业 125.59 万户、个体工商户 467.79 万户，分别占第三产业实有经营主体的 21.17％、78.83％。私营企业中消费性服务业同比增幅最高，为 34.65％。第三产业个体工商户中，消费性服务业所占比重最大，为 83.20％；其次是生产性服务业和公共性服务业，占比分别为 15.34％和 1.46％。具体情况如表 4-6 所示。

表 4-6   2023 年末湖南省第三产业私营企业和个体工商户实有情况

单位：户

第三产业	私营企业			个体工商户		
	年末实有	占比	同比增幅	年末实有	占比	同比增幅
生产性服务业	782859	62.33％	14.87％	717717	15.34％	9.60％
消费性服务业	391090	31.14％	34.65％	3891816	83.20％	9.04％
公共性服务业	81995	6.53％	17.57％	68322	1.46％	16.17％

三、全省民营经济城乡、区域发展差异显著

近年来，全省民营经济发展城乡和区域差异明显，出现长株潭板块引领全省四大区域板块发展、区域内市州发展不均衡等现象。

一是长株潭板块发展一枝独秀。在湖南的长株潭板块（含长沙市、株洲市和湘潭市）、湘南板块（含衡阳市、郴州市和永州市）、大湘西板块（含湘西土家族苗族自治州、怀化市、张家界市、邵阳市和娄底市）、洞庭湖板块（含岳阳市、常德市和益阳市）等四大板块中，长株潭板块发挥着引领带动作用。据表 4-7，截至 2023 年底，长株潭实有私营企业 81.45 万户，占全省的 46.64％；

实有个体工商户 162.85 万户，占全省的 31.90%。湘南板块实有私营企业 29.08 万户，占全省的 16.65%；实有个体工商户 105.92 万户，占全省的 20.75%。大湘西板块实有私营企业 32.11 万户，占全省的 18.39%；实有个体工商户 126.17 万户，占全省的 24.71%。洞庭湖板块实有私营企业 32.00 万户，占全省的 18.32%；实有个体工商户 115.60 万户，占全省的 22.64%。整体上，长株潭板块私营企业占据全省私营企业半壁江山，个体工商户占全省近 1/3。其中，长沙市和株洲市优势突出，两市年末私营企业实有户数和万人拥有户数均分列全省第 1、第 2。从四大板块万人拥有户数来看，长株潭板块万人拥有户数占有明显优势。截至 2023 年末，全省平均每万人拥有私营企业 262.84 户，拥有个体工商户 768.38 户；长株潭板块每万人拥有私营企业 488.40 户，拥有个体工商户 976.52 户。洞庭湖板块每万人拥有个体工商户比全省平均多 46.73 户，私营企业比全省平均少 37.21 户。大湘西板块和湘南板块每万人拥有私营企业和个体工商户均低于全省平均水平。

二是长沙市私营企业首位效应突出。截至 2023 年末，长沙市私营企业户数占全省的 36.36%。长沙市每万人拥有私营企业户数达 632.00 户，比全省平均水平高 140.45%，比排名第 2 的岳阳高 97.64%，私营企业的领先优势明显。从市州个体工商户情况来看，全省共有 5 个市州每万人拥有个体工商户超 800 户，分别是长沙、岳阳、株洲、益阳、张家界。

表 4-7　2023 年湖南省各市州实有私营企业和个体工商户情况

单位：户

地区	私营企业				个体工商户			
	年末实有	占比	同比增幅	万人拥有户数	年末实有	占比	同比增幅	万人拥有户数
长沙市	635024	36.36%	16.15%	632.00	1081347	21.18%	12.20%	1076.19
株洲市	124799	7.15%	26.88%	319.77	340914	6.68%	11.18%	876.53

续表

地区	私营企业				个体工商户			
	年末实有	占比	同比增幅	万人拥有户数	年末实有	占比	同比增幅	万人拥有户数
湘潭市	54678	3.13%	22.58%	200.57	206271	4.04%	8.87%	756.63
衡阳市	121299	6.95%	31.04%	182.54	453318	8.88%	7.96%	682.17
邵阳市	108166	6.19%	18.97%	164.80	382254	7.49%	11.90%	582.39
岳阳市	122901	7.04%	31.10%	243.28	447880	8.77%	8.48%	886.39
常德市	118355	6.78%	30.88%	224.20	384675	7.53%	7.44%	728.68
张家界	31548	1.81%	9.00%	207.96	126887	2.49%	9.45%	836.43
益阳市	78749	4.51%	12.10%	204.46	323479	6.34%	6.22%	839.86
郴州市	83384	4.77%	16.23%	178.66	275962	5.41%	7.00%	591.29
永州市	86166	4.93%	34.46%	162.89	329969	6.46%	12.22%	623.78
怀化市	70088	4.01%	18.23%	152.78	299803	5.87%	9.04%	653.51
娄底市	78134	4.47%	26.41%	204.17	283792	5.56%	5.94%	741.55
湘西土家族苗族自治州	33163	1.90%	9.32%	133.29	168920	3.31%	13.54%	678.91

三是全省县域民营经营主体增速、占比均高于城区民营经营主体。截至2023年末，全省县域实有民营经营主体378.52万户，占比为55.24%，城区民营经营主体306.67万户，占比为44.76%。从注册资本规模看，城区注册资本56948.22亿元，占比为66.95%，县域注册资本28118.27亿元，占比为33.05%。从经营主体增长速度看，县域增速高于城区0.72个百分点。全省县域民营经营主体净增42.49万户，净增幅为12.65%。其中私营企业净增16.03万户，净增幅为26.69%；个体工商户净增26.46万户，净增幅为9.59%。从注册资本看，县域个体工商户注册资金数额净增幅为8.66%，高于城区1.52个百分点。具体情况见表4-8。

表 4-8　2023 年末湖南省城区、县域私营企业和个体工商户发展情况

分类	年末户数(万户)				注册资本(亿元)			
	城区	净增幅	县域	净增幅	城区	净增幅	县域	净增幅
私营企业	98.56	16.88%	76.09	26.69%	54948.16	11.20%	24458.31	10.63%
个体工商户	208.11	9.73%	302.43	9.59%	2000.06	7.14%	3659.96	8.66%
合计	306.67	11.93%	378.52	12.65%	56948.22	11.05%	28118.27	10.37%

　　四是制造业与科学研究和技术服务相关的民营经济实现平稳较快增长。截至 2023 年末，全省实有与制造业相关的私营企业和个体工商户分别为 12.28 万户、18.39 万户；私营企业净增 1.54 万户，净增幅 14.31%；个体工商户净增 8244 户，净增幅为 4.69%。截至 2023 年末，全省科学研究和技术服务业私营企业和个体工商户分别为 14.74 万户和 1.31 万户；私营企业净增 1.96 万户，净增幅为 15.27%；个体工商户净增 4957 户，净增幅为 60.75%。得益于省会城市人才、交通、产业链、供应链、生产性服务业等汇聚的优势，长沙市科学研究和技术服务业民营经营主体占全省的 63.17%。其中，私营企业占全省的 64.99%，个体工商户占全省的 41.81%。具体情况见表 4-9 和表 4-10。

表 4-9　2023 年末湖南省实有与制造业相关的私营企业和个体工商户情况

单位：户

区域	私营企业			个体工商户		
	年末实有	占比	同比增幅	年末实有	占比	同比增幅
长沙市	23344	19.01%	7.55%	24170	13.14%	6.15%
株洲市	12817	10.44%	12.13%	16626	9.04%	3.18%
湘潭市	5970	4.86%	6.13%	8221	4.47%	3.87%
衡阳市	9524	7.76%	24.37%	14441	7.85%	2.80%
邵阳市	12112	9.86%	11.06%	15338	8.34%	6.89%

续表

区域	私营企业			个体工商户		
	年末实有	占比	同比增幅	年末实有	占比	同比增幅
岳阳市	10315	8.40%	29.24%	17081	9.29%	3.99%
常德市	9876	8.04%	23.93%	16255	8.84%	2.08%
张家界	1526	1.24%	9.16%	4843	2.63%	4.51%
益阳市	9914	8.07%	7.02%	15736	8.55%	5.73%
郴州市	6346	5.17%	10.75%	10321	5.61%	5.25%
永州市	7717	6.28%	35.55%	14659	7.97%	6.00%
怀化市	5347	4.35%	14.79%	12511	6.80%	6.41%
娄底市	5670	4.62%	9.10%	7721	4.20%	2.96%
湘西土家族苗族自治州	2331	1.90%	5.05%	6023	3.27%	4.77%

表 4-10   2023 年末湖南省实有科学研究和技术服务业私营企业和个体工商户情况

单位：户

区域	私营企业			个体工商户		
	年末实有	占比	同比增幅	年末实有	占比	同比增幅
长沙市	95892	64.99%	12.47%	5484	41.81%	37.27%
株洲市	6028	4.21%	22.66%	1516	11.56%	148.12%
湘潭市	4734	3.21%	22.87%	628	4.79%	38.33%
衡阳市	5946	4.03%	41.07%	337	2.57%	35.89%
邵阳市	4368	2.96%	19.51%	253	1.93%	28.43%
岳阳市	5086	3.45%	16.17%	750	5.72%	11.44%
常德市	4187	2.84%	13.78%	417	3.18%	25.23%
张家界	1026	0.70%	15.93%	979	7.46%	1278.87%
益阳市	2996	2.03%	17.86%	477	3.64%	45.43%

续表

区域	私营企业			个体工商户		
	年末实有	占比	同比增幅	年末实有	占比	同比增幅
郴州市	5537	3.75%	17.68%	321	2.45%	28.92%
永州市	3390	2.30%	21.51%	654	4.99%	49.32%
怀化市	2743	1.86%	18.23%	784	5.98%	175.09%
娄底市	3908	2.65%	20.84%	143	1.08%	22.41%
湘西土家族苗族自治州	1521	1.03%	7.80%	375	2.86%	131.48%

第四节　湖南经济税收发展面临的挑战

一、内需消费潜力存忧

(一)自然人口出现负增长

湖南省人口出生率和死亡率近五年均呈下降趋势,尤其是人口出生率,从2019 年的 10.81‰下降到 2022 年的 6.23‰,自 2021 年开始,人口死亡率首次超过出生率,自然人口出现负增长,2021 年至 2022 年全省自然人口减少 23 万人,市场消费主体萎缩。① 具体情况见图 4-1。

(二)人口向省外持续流出

近年来,湖南省常住人口除了总量下降,还呈现持续外流的趋势。根据湖南省统计局数据,2022 年全省常住人口 6604 万人,较 2021 年减少 18 万人,

---

① 数据来源:《湖南统计年鉴》。

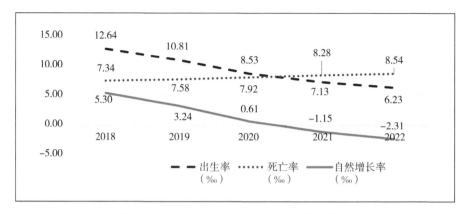

图 4-1   2018—2022 年湖南省人口增长变化图

连续两年下降；而 2023 年进一步降至 6568 万人，人口外流压力持续加大。

（三）居民储蓄化倾向加剧

2019 年至 2022 年，湖南人民币非金融企业存款从 12853 亿元上升到 13931 亿元，年均增幅 2.72％，而同期居民存款从 28300 亿元上升到 41204 亿元，年均增长为 13.35％，保持高速增长态势，较非金融企业存款年均增速高 10.63 个百分点，居民储蓄的意愿非常强烈，这种倾向在疫情之后表现得尤为明显，2021 年湖南居民存款同比下降 10.35％，但 2022 年住户存款马上报复性反弹，同比增长 29.75％，可见居民整体消费投资信心偏弱。具体情况见表4-11。

表 4-11   2019—2022 年湖南省人民币储蓄情况

单位：亿元

年份	住户存款	同比增速	非金融企业存款	同比增速
2019 年	28300	12.00％	12853	−0.22％
2020 年	35424	25.17％	13447	4.62％
2021 年	31756	−10.35％	13192	−1.90％
2022 年	41204	29.75％	13931	5.60％

人口数量是决定消费市场规模的重要因素。人口基数大可以带动更大的消费需求，进而形成规模化的消费市场，这将直接增加对商品和服务的需求量。受老龄化严重、人口增长步入拐点、年轻消费主力向外迁移、居民储蓄意愿高涨等因素叠加影响，近几年全省整体消费信心偏弱，内需增长乏力。

二、基建投资潜力存忧

(一)土地依赖程度较高

以土地出让金占地方一般公共预算收入的比例来近似衡量土地财政依存度，2012 年至 2018 年湖南土地财政依存度与全国平均水平相近；2019 年之后开始超过全国平均水平并逐年提升，在 2021 年依存度来到顶峰，达到110.90％，2022 年随着房价走低而逐渐回落；2023 年依存度为 67.94％，但仍旧高于全国平均水平(49.48％)。2021 年土地交易巅峰时全省土地出让金达到 3605 亿元，占到地方综合财政收入的 50％以上。随着地产行业进入下行周期，土地出让收入大幅下滑带来的地方财政收入缺口短期内难以弥补，财政压力越来越大。

(二)政府债务负担较重

近年来湖南省政府负债率和债务率逐步攀升，高于全国平均水平。从总体偿债压力来看，2022 年湖南省负债率(地方政府债务余额/GDP)为 31.65％，高于全国各省市平均水平(29.04％)，且 2020 年至 2022 年湖南省债务率(地方政府债务余额/综合财政收入)大幅攀升，从 2020 年的 110.78％上升至 2022年的 238.86％，远高于全国平均水平(137.6％)，说明湖南省整体财政偿债压力较大，债务利息挤占了大量地方财政收入，可能导致政府在基建、民生、文化等领域的投资支出减少。

(三)财政自给率偏低

2019 年至 2023 年，湖南省的地方一般公共预算收入由 3007 亿元上升至

3361 亿元，年均增长为 2.82%；地方一般公共预算支出则由 8034 亿元增加至 9585 亿元，年均增长为 4.51%，预算支出增速明显快于预算收入，财政收支预算管理有待进一步平衡。以一般公共预算收入占支出比例衡量财政自给率，湖南省财政自给率近年来始终低于全国平均水平，2023 年财政自给率为 35.06%，远低于当年全国财政自给率 44.7%，整体财政自给能力相对较弱，对中央转移支付依赖严重。2023 年，湖南省一般公共预算收支缺口 6224 亿元，而中央对湖南省转移支付达 4248 亿元，位居全国第三，仅次于四川省和河南省，缺口弥补率（中央转移支付/收支缺口）达到 68.25%。具体情况见表 4-12。

表 4-12　2019—2023 年湖南省财政收支情况

单位：亿元

年份	地方一般公共预算收入	地方一般公共预算支出	收支缺口	财政自给率	转移支付	缺口弥补率
2019 年	3007	8034	−5027	37.43%	3143	62.51%
2020 年	3009	8403	−5394	35.80%	3407	63.15%
2021 年	3251	8326	−5075	39.04%	3582	70.58%
2022 年	3102	8992	−5890	34.50%	4696	79.72%
2023 年	3361	9585	−6224	35.06%	4248	68.25%

高负债率和低财政自给率导致湖南省政府过度依赖借贷，增加了债务利息成本，挤占了用于基础设施等关键领域的资金，限制了地方政府通过基础设施投资刺激经济增长的能力，不利于财政的可持续性发展。若市场对政府偿债能力失去信心，又会进一步推高借贷成本，陷入恶性循环。

三、新旧动能转换存忧

为全面落实"三高四新"美好蓝图，湖南立足产业基础、特色优势和国家产业政策方向，以先进制造业为主导，构建了"4×4"现代化产业体系。

（一）传统产业调整回落

湖南四大传统产业正在经历向智能化、绿色化、高端化升级转型的阵痛期，石油化工产业响应国家低碳环保的号召，在岳阳推动化工企业退出沿江搬迁改造，关停粗放型企业，五年搬迁改造任务期间全省液化石油气供应量从28.34万吨下降到25.07万吨。采矿业的大中型矿山大多已进入中晚期，开发难度大，接替资源保障不足，规模化、集约化程度不高，经济效益低。2022年湖南省矿产开发工业总产值为363亿元，排在全国第21位。2023年湖南资源税收入仅为14亿元，同比下降19.18%，收入规模在中部六省中排倒数第1。食品加工和轻工轻纺产业除烟草外整体技术创新水平不高，高溢价的产品占比小，处在价值链中低端。其中，食品制造受到预制菜兴起的冲击，正在升级改造产业链；纺织工业集约化程度偏低，"2023年服饰行业百强企业"榜单中湖南仅有3家，远少于江苏（36家）和浙江（27家）；以醴陵为代表的日用陶瓷企业则品牌竞争力低下，不及景德镇陶瓷附加值高。

（二）优势产业体量较小

虽然湖南省基于湖湘特色确立了四大优势产业，但总体发展空间较小。工程机械产业全国有数千亿的市场规模，虽然湖南已经占据1/4的市场，但在竞争对手强悍、市场份额相对固化的情况下，产业体量提升空间有限。湖南轨道交通产业2023年装备产业总产值1600亿元，按照省政府规划，到2027年产值有望突破2000亿元，虽然年均复合增速超5%以上，但在财政压力偏大、基建投资增速下降的背景下，整体发展速度受限。现代农业和文化旅游产业则税收产出效益较低，2023年全省农林牧渔业和文化、体育及娱乐业税收分别为8.37亿元、15.39亿元，不及房地产业税收贡献的零头。重点企业隆平高科2023年营业收入92亿元，税金及附加仅有0.6亿元；芒果超媒2023年营业收入33亿元，税收及附加仅有0.15亿元。

(三)新兴产业亟待培育

对比发达地区战略性新兴产业高水平发展状况，湖南战略性新兴产业仍处于不大不强的阶段。2022 年，湖南战略性新兴产业增加值为 5059.14 亿元，占 GDP 比重为 10.5%，较全国平均水平(13%)低 2.5 个百分点。同时，还面临集群化发展效应不明显、平台支撑不力、自主创新能力不强、融合化发展较表浅、要素供给短缺等瓶颈制约。聚焦短板精准发力，以推动战略性新兴产业融合化、集群化发展为抓手，提升产业链供应链韧性和安全水平，对于构建具有湖南特色的现代化产业体系尤为重要。

(四)未来产业仍在布局

相比沿海发达地区，湖南虽然在新一代人工智能技术、干细胞与再生医学、新型生物材料、新型储能材料、金属纳米材料等领域已攻克一批未来突破性技术难题，但人工智能、生命工程、量子科技、前沿材料四大未来产业布局方面较为滞后，颠覆性技术攻关及其产业化能力明显不足，亟须打造未来产业先导区，加快产学研融合，探索以点带面的未来产业发展之路，加快形成彰显湖南特色的新质生产力。

第五章

基于税收视角的湖南旅游业发展研究

旅游业是现代服务业的重要组成，是促进经济发展的重要内容。疫情后如何恢复和促进旅游业发展成为税收政策需要思考的重要内容。本章基于对湖南2020 年至 2023 年旅游状况的调查分析和归纳总结，提出相关建议，探讨解决方案。

第一节   近年湖南旅游业发展的基本状况

一、旅游业规模逐步复苏

从 2020 年至 2023 年，湖南全省接待游客总人数逐步恢复至疫情前的水平。除去 2021 年游客总人数下降幅度较大之外，整体保持略有上升的水平。从增长幅度看，接待游客总人数从 2020 年的 6.93 亿人次下降至 2022 年的6.50 亿人次，下降 5.05％。虽然总人数有所减少，但自 2021 年后年均增长率为 26.3％，呈现出逐步复苏的趋势。从游客来源看，2020 年至 2023 年国内游客占游客总人次的比例分别是 99.90％、99.90％、99.97％和 99.83％。入境游客数量从 2020 年的 17.04 万人次升至 2023 年的 112.09 万人次。从入境游客停留时间看，2020 年至 2023 年入境游客平均停留时间分别为 3.9 天、2.22天、4.1 天、4.7 天，可以看出，这一数据变化趋势与接待游客总人数基本相同。①

二、短期游比重大幅增加

2020 年受疫情影响，全省旅游收入大幅下降，2021—2023 年逐步恢复。2022 年长沙旅游收入超过 1000 亿元，株洲、衡阳、岳阳、郴州、怀化均超过

---

① 数据来源：《中国文化文物和旅游统计年鉴》。

400 亿元大关，郴州旅游收入达到 572.57 亿元。除湘潭外，各市州旅游收入均保持增长。同时，全省旅游收入中过夜游的收入比重逐步提升，其中，仅 2023 年第二季度过夜游人数就达到 784.79 万人次，同比增长 6.25%；过夜游收入为 106.95 亿元，同比增长 8.08%。全省旅游收入中一日游收入比重也有显著增长，其中，2023 年春节假期全省共接待一日游旅客 806.4 万人次；"五一"假期接待一日游旅客 980.50 万人次，相比 2020 年均有所增长。

第二节　我国旅游业发展走向分析

一、国内旅游行业发展模式已经发生转变

一是疫情对旅游业的冲击强度在持续削弱。2020 年作为疫情暴发年的确给整个旅游行业造成了近乎毁灭性的打击，但这之后的游客总人数和旅游收入的反弹爆发性增长，也说明整个国内旅游业的市场基本面是向好的。

二是从过去注重开拓国内、国际两个市场到偏重国内市场的开拓发展。后疫情时代全球旅游业复苏迅速，但入境游和出境游仍未恢复到疫情前的水平，我国旅游业目前注重国内市场开拓的努力将会越来越明显。

三是短期旅游模式正逐渐受到欢迎。国内游从过去注重传统的带客组团过夜游，转变为注重周边游、一日游等模式。从湖南省近几年的旅游数据也可以看出，一日游的比重有明显的提升趋势。国内游日益明显的周期性和季节性特征，对重要节假日期间各旅游景点能否摆脱疫情影响提出了很高要求。

二、旅游业正在经历从波谷到恢复的回升

相关数据显示，国内旅游业已经迈过了 2020 年的最低谷阶段，正处于从波谷到恢复的回升阶段。一方面，国内对于如何处置疫情带来的旅游危机已经

有了较为成熟的经验和处理方案，使得疫情对国内游的冲击影响降至较低点；另一方面，国内旅游需求强劲的基本面并没有因疫情而有所减退。随着时间推移，疫情影响逐步消化，国内旅游市场正通过释放补偿性需求获得反弹和复苏的动力。目前首要的工作是引导国内公众舆论向乐观方向发展，为国内旅游的稳步恢复和发展创造宽松的外部环境。在政策考量上，要积极利用"五一""十一"等重要节假日的时间窗口，在合理范围内逐步激发并科学引导国内旅游市场的需求潜力，尽可能弥补疫情造成的市场缺失。

三、产业变革和产品创新成为旅游业未来制胜的关键

基于国内旅游市场基本消费面和潜在市场的存在，如何推进旅游行业的变革和旅游产品的创新，推动旅游消费和文化消费、休闲消费的统筹发展，激发国内旅游市场潜在需求的释放，进而有针对性地加大对旅游行业的政策扶持力度，将是我国旅游业必须认真面对和思考的课题。对于旅游企业，更需要通过个体化和分散化的产品创新和有效供给，为其自身在旅游产业中的长期生存和发展提供增长的支撑点。

第三节　促进湖南旅游业发展的税收思路与建议

疫情暴发以来从中央到地方出台了从金融、减税、减租金到延迟缴纳社保费、提供财政资金支持等一系列援企稳岗政策，在一定程度上缓解了旅游企业生存压力。但这些政策的初衷是短期内为旅游企业纾困，还没有覆盖旅游产业全链条，无法提供更有针对性的支持。因此，湖南省要从扶持力度、扶持重点等方面廓清税收扶持重点，根据旅游业发展特点、区域结构和复苏规律等研究制定长期的税收政策。

一、加强税收政策支持，有序推动旅游企业复工复产

对于此前因防疫而采取限客分流措施，使旅游经营成本大幅增加、难以为继的中小微旅游企业，应加大税收政策支持的力度。从继续执行房产税、城镇土地使用税减免、降低失业保险费率、工伤保险费率等措施入手，降低湖南中小微旅游企业的经营成本，帮助其提升抵御风险的能力。

二、实施更有针对性的税收政策，支持短期旅游项目发展

数据显示，以周边游、康养游、生态游、亲子游、自驾游、自助游等为主题的短期旅游目前已成为国内旅游的主体。税收作为必要的政策手段，能够在激发旅游市场快速复苏等方面发挥重要作用。建议通过地方政府搭建平台公司的方式，将短期旅游的相关成本转移给平台公司，将短期旅游的项目以公开招标的方式推送给中小微旅游企业，增加这些企业的造血功能。这样一来，中小微旅游企业省去了中间成本支出，税收负担会有所降低，国家也能够保证税收收入的实现，促进了政企旅游发展的双赢。

三、引导旅游产业和产品创新，加大税收政策支持力度

长远来看，消费者的旅游消费偏好在疫情的影响下已发生偏转。这将倒逼旅游行业和旅游企业的转型和产品创新，推动"旅游产业＋互联网"发展。在疫情防控的限制要求下，旅游产业与数字经济相结合，一些新的旅游产品形态和旅游商业模式应运而生。在线办公、在线导览、在线解说、在线教育等模式都已在旅游业中得到广泛运用。税收在这方面要积极鼓励旅游企业以此创新申报高新技术企业资格，进而降低企业所得税税负水平。

四、支持旅游产业入境游和出境游长远布局

税收作为重要的政策工具，一是要在税收政策优惠上出台新举措，全力支持旅游企业"走出去"战略的顺利实施；二是要做好税收辅导和服务，帮助旅游企业缩短海外适应过程；三是要加强与国外税务机关的信息交换，维护好我国旅游企业的海外合法权益。

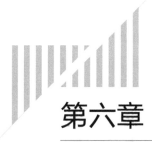

第六章

基于税收视角的湖南
汽车产业发展研究

2020 年 10 月，国务院办公厅发布的《新能源汽车产业发展规划（2021—2035 年）》提出，发展新能源汽车是我国从汽车大国迈向汽车强国的必由之路，是应对气候变化、推动绿色发展的战略举措，为我国建设汽车强国擘画了宏伟蓝图。汽车产业是现代工业体系的重要组成部分，具有带动能力强、规模体量大、产业链条长、技术含量高等特征。在新一轮科技革命和产业变革深入演变的背景下，汽车产业正发生深刻变化，新能源汽车成为全球汽车产业转型的主要方向。我国新能源汽车正处在从市场培育期迈进市场化的发展阶段，顺应时势变换新赛道已成为业界普遍共识。湖南如何在变局中开创新局面，在战略转型中开辟新领域，积蓄持续动能，需要立足当下深入分析，统筹谋划精准发力。

第一节　湖南汽车产业发展现状

一、从税收规模看，汽车产业近年对税收贡献有所下降

近年来，湖南汽车产业税收收入（剔除海关代征）在较快下降后又缓慢回升，从 2018 年的 100.3 亿元降至 2020 年的 54.2 亿元，2021 年止跌回升，达到 58 亿元，2022 年升至 82.8 亿元。目前，汽车产业占全省制造业税收收入约 3.78％。2021 年全国汽车产业税收收入 4013.7 亿元，湖南在全国汽车产业税收收入中处于中等水平，位居第 16 名，比 2019 年下降 2 个名次。广东省2021 年汽车产业税收收入 515.3 亿元，在全国位居第 1 名。中部六省中，湖北省 2021 年汽车产业税收收入 297.68 亿元，位居全国第 7 名、中部六省第 1名，湖南省汽车产业税收收入规模仅为湖北省的 19.5％；安徽省汽车产业税收收入已在 2020 年赶超湖南省。湖南省汽车产业面临激烈的市场竞争，重返百亿元税收阵营困难重重。2022 年 1—6 月，湖南省汽车产业税收累计入库一

10.92 亿元,同比下降 132.2%,是全省上半年税收收入降幅较大的行业之一。这主要是由当年 4 月组合式税费支持政策实施,增值税留抵退税、制造业降税缓税等政策叠加影响所致。2019 年至 2021 年中部六省汽车产业税收收入规模及排名见表 6-1。

表 6-1　2019—2021 年中部六省汽车产业税收收入规模及排名

单位:亿元

省份	2019 年		2020 年		2021 年	
	税收收入	全国排名	税收收入	全国排名	税收收入	全国排名
湖北	311.37	7	236.25	8	297.68	7
湖南	66.00	14	54.22	16	58.05	16
安徽	61.86	16	74.15	14	80.34	14
河南	63.33	15	58.96	15	48.59	18
江西	29.75	22	23.35	20	27.57	20
山西	9.54	20	2.23	24	3.45	23
全国中位数	61.86	—	54.22	—	58.05	—

二、从市场主体看,汽车产业市场主体活力增强

截至 2022 年 5 月,湖南现存办理税务登记的汽车企业为 1213 户,市场主体逐年新增,达到历年新高。从企业存续时长看,10 年(含)以上企业 366 户,占比 30.2%,企业根基较牢固(表 6-2)。2019 年至 2021 年税务登记的净新增①汽车企业 343 户,2022 年 1—5 月净新增 78 户,市场活跃度不断攀升。2019 年以来,新增注册资本千万元以上汽车企业 148 户,新增注册资本累计114.9 亿元。其中,汽车零部件及配件制造、汽车车身和挂车制造、新能源车和汽柴油车整车制造企业占比分别为 87.2%、3.38%、3.38%,零部件及配

————————

①　净新增户＝新登记注册户－注销户。

件制造企业成为新增企业的主要部分，湖南汽车产业链正在稳步发展。办理税务登记的汽车企业覆盖全省 13 个市州(图 6-1)，长株潭地区企业共 803 户，占全省总量的 66.2%，产业集聚度较高，经过多年发展，长株潭地区已拥有较完善的汽柴油车和新能源车整车制造产业链。2021 年，湖南从事汽车零部件及配件制造企业 1081 户，是服务整车生产的重要力量。

表 6-2 2022 年 5 月湖南省汽车制造业市场主体存续情况

市场主体成立时长(年)	数量(户)	占比
10 年及以上	366	30.2%
5—10 年(不含 10 年)	343	28.3%
1—5 年(不含 5 年)	504	41.5%
合计	1213	100%

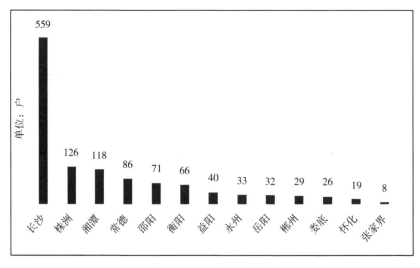

图 6-1 2022 年 5 月湖南省汽车制造业市场主体地区分布情况

三、从经营发展看，湖南汽车产业发展仍处于调整期

企业所得税是反映市场主体经营状况的重要指标之一。2019 年至 2021 年

汽车企业申报营业收入总额①分别为 1231.35 亿元、1029.75 亿元、1030.93 亿元，2022 年达到 1522.88 亿元，2020 年同比下降 16.37%，2021 年与 2020 年基本持平，2022 年同比上升 47.72%。2019 年至 2021 年汽车企业申报利润总额分别为 −8.74 亿元、−27.98 亿元、−40.15 亿元，企业亏损金额扩大；2022 年汽车企业申报利润总额为 81.16 亿元，开始转亏为盈。受经济下行压力、疫情冲击和产业转型调整等多重因素影响，2019 年至 2021 年湖南汽车产业亏损企业数量在盈利企业数量的 1.4 倍以上，全行业近 6 成企业亏损（表 6-3），经营情况不太乐观。2021 年，湖南整车制造企业亏损面达到了 60.71%，汽车零部件及配件制造企业亏损面达到了 58.53%。2022 年湖南汽车产业整体实现扭亏为盈，但长沙市汽车产业中仍有 42 家企业亏损。

表 6-3　2019—2021 年湖南省汽车制造业经营情况

类型	2019 年亏损面	2020 年亏损面	2021 年亏损面
全省汽车制造业	59.15%	61.40%	58.93%
汽柴油车、新能源车整车制造	52.94%	51.52%	60.71%
汽车零部件及配件制造	58.25%	61.37%	58.53%

随着绿色消费理念深入人心，消费者对新能源汽车的接纳度和青睐度持续提升。2021 年全国新能源汽车销量②突破 350 万辆，2022 年 1—8 月产销量分别为 397 万辆和 386 万辆，销量同比增长 115%，创历史新高。2021 年湖南生产汽车 67.3 万辆，其中新能源汽车 19 万辆，占比 28.23%。2019 年至 2021 年车辆购置税显示，同期湖南汽车销售总量分别为 116.3 万辆、101.9 万辆、100.3 万辆（表 6-4），2021 年汽车销售总量减幅有所放缓，汽车销售市场保持

---

①　部分在湘汽车生产企业，因总部未在湖南，其企业所得税由总公司汇总申报，有关信息未包含此类市场主体，如比亚迪汽车长沙分公司、上汽大众汽车长沙分公司等。

②　汽车销售主要分为乘用车（轿车、MPV、SUV、交叉型乘用车）和商用车（客车和载货汽车）。

了一定韧性。车辆购置税反映了在湖南省上牌落户的汽车数量与省内汽车生产数量相比，缺口在 30 万辆以上，省内汽车的消费需求大部分通过从外省购进或进口满足。

表 6-4 2019—2021 年湖南省车辆购置税征税车辆数及汽车产量情况

年份	车辆购置税征税车辆数（万辆）	同比增长	汽车产量（万辆）	同比增长	产销差距（万辆）
2019 年	116.3	16.0%	85.0	−2.1%	31.3
2020 年	101.9	−12.4%	63.5	−25.2%	38.4
2021 年	100.3	−1.6%	67.3	4.9%	33.0

数据来源：据根据湖南省国民经济和社会发展统计公报整理。

增值税发票开票金额可直观反映市场主体收入情况和活跃程度。全省乘用车增值税发票开票数据显示，2019 年至 2021 年开票金额分别是 744.87 亿元、435.18 亿元、393.46 亿元（表 6-5），2020 年减幅 41.58%，2021 年同比下降9.59%。从开票结构看，省内占比三成，说明湖南乘用车销售以省外为主。2019 年至 2021 年，商用车发票开票金额分别为 34.19 亿元、38.79 亿元、21.52 亿元，市场规模远低于乘用车。与乘用车市场结构类似，商务车销售对象以省外为主。2021 年省外商务车销售发票金额占比为 84.84%。由此可见，挖掘湖南乘用车和商用车的市场潜力，提升湖南消费者对本省汽车品牌的认可和支持，还有较大空间。

表 6-5 2019—2021 年湖南省乘用车、商用车增值税发票开票情况

年份	乘用车			商用车		
	金额（亿元）	省内占比	省外占比	金额（亿元）	省内占比	省外占比
2019 年	744.87	30.01%	69.99%	34.19	28.77%	71.23%
2020 年	435.18	30.32%	69.68%	38.78	13.80%	86.20%

续表

年份	乘用车			商用车		
	金额（亿元）	省内占比	省外占比	金额（亿元）	省内占比	省外占比
2021 年	393.46	31.36%	68.64%	21.52	15.16%	84.84%

从增值税发票购进情况看，湖南乘用车购进金额大幅下滑。从 2019 年的 14.54 亿元下降到 2021 年的 0.55 亿元（表 6-6），2020 年、2021 年的同比下降幅度分别为 94.4%、32.9%。乘用车购进主要来源为省内，2021 年省外购进乘用车占比提高。商用车 2020 年、2021 年购进金额同比分别下降 18.4% 和 18.3%，购进的商用车主要来源省外，2021 年省外占比 61.38%。2019 年至 2021 年，湖南汽车消费有较大下滑，消费需求转弱，市场活跃度降低。

表 6-6　2019—2021 年湖南省乘用车、商用车增值税发票购进情况

年份	乘用车			商用车		
	金额（亿元）	省内占比	省外占比	金额（亿元）	省内占比	省外占比
2019 年	14.54	78.14%	21.86%	14.41	27.13%	72.87%
2020 年	0.82	78.38%	21.62%	11.76	41.86%	58.14%
2021 年	0.55	64.10%	35.90%	9.61	38.62%	61.38%

四、从研发投入看，有力支撑汽车产业升级

2019 年至 2021 年，湖南汽车企业享受研发费用加计扣除金额分别为 23.34 亿元、27.72 亿元、30.21 亿元（表 6-7），2020 年、2021 年同比增长分别为 18.8%、9.0%。2021 年 1 月 1 日起，制造业研发费用加计扣除比例从 75% 提高到 100%，形成无形资产的，可按其成本 200% 在税前摊销，这一政策激发了企业创新研发动力。2021 年共有 274 户汽车企业享受加计扣除 30.21

亿元，占全省汽车产业市场主体的 22.6%。19 户整车制造企业享受加计扣除 11.99 亿元，平均每户扣除金额 6310.5 万元，大力支持了汽车制造业技术创新和企业加速转型。

表 6-7　2019—2021 年湖南省汽车产业研发费用扣除情况

年份	汽车产业			整车制造企业		汽车零部件及配件制造企业		其他	
	企业数量	金额（亿元）	增幅	金额（亿元）	占比	金额（亿元）	占比	金额（亿元）	占比
2019 年	240	23.34	—	8.73	37.41%	13.70	58.68%	0.91	3.91%
2020 年	248	27.72	18.76%	9.40	33.90%	17.41	62.81%	0.91	3.29%
2021 年	274	30.21	8.98%	11.99	39.69%	17.17	56.84%	1.05	3.47%

注：其他企业包括改装汽车制造、汽车用发动机制造、汽车车身制造、挂车制造、电车制造等。

第二节　湖南汽车产业面临的机遇与挑战

汽车产业大变局时代已经到来。2022 年 4 月，比亚迪成为全球首家正式宣布停产燃油车的车企。2022 年 6 月，欧盟各成员国已达成到 2035 年禁止销售燃油车的协议，诸多国际知名车企相继制定了大力发展电动汽车的计划。湖南汽车制造业迎来新能源汽车的市场蓝海，但也面临着机遇和挑战。

一、湖南汽车产业的机遇

经过多年的积累，湖南汽车产业已打下了良好基础，在要素市场、产业技术、政策支持、消费动能等方面都拥有一定优势。在"双碳"发展目标驱动下，湖南汽车产业发展的前景向好。

一是技术革新带来新契机。当前，汽车产业与新能源、互联网、现代通信等领域深度融合，新能源汽车电池续航能力不断增强，电控、电驱动相关技术也日臻成熟，汽车产业电动化、联网化、智能化、共享化潮流势不可挡。在智能网联领域，湖南已经取得先发优势。2018年，湖南率先成立国家智能网联汽车（长沙）测试区，将5G网络运用于无人驾驶。近年已完成了100平方公里城市智能网联开放道路片区，建成国内第一条智慧公交示范线和智慧高速公路，建立起完整的测试场景数据平台。2020年，湖南（长沙）成功争创国家级车联网先导区，2021年长沙被确定为全国智慧城市基础设施与智能网联汽车协同发展第一批试点城市。湖南在智能网联汽车领域走在前列，集聚了华为、百度、中车、京东、舍弗勒等一大批行业领先企业，依托新产业格局换道超车之势已成，其"道"已经具备。

二是政策支持开创新局面。2020年9月，习近平总书记视察湖南，赋予湖南省"三高四新"战略定位和使命任务，汽车制造业其行业属性和特点与"三个高地"①建设紧密相关，是湖南省重点发展的支柱产业之一，在政策层面有较多的支持。《湖南省智能网联汽车产业"十四五"发展规划（2021—2025）》明确了五年内湖南汽车产业的发展目标和路径，提出了全面提升产业创新能力、加速推进产业转型升级、加快提升产业链现代化水平、持续构建良好产业生态、进一步完善基础设施建设五大任务。《湖南省"十四五"战略性新兴产业发展规划》，将新能源及智能网联汽车产业纳入全省战略性新兴产业重点投入，从完善产业发展体系、培育产业生态等方面提出了具体举措。《长株潭都市圈发展规划》和强省会战略都把汽车产业发展作为高质量发展的重要内容，整合利用各类创新平台资源，合力建设汽车强省，其"局"已经形成。

三是税收优惠赋予新动能。近年来，税务部门，出台一揽子减税降费政策，为企业纾困解难，激发市场主体活力。从2018年结构性减税到2019年实

---

① 三个高地：国家重要先进制造业高地、具有核心竞争力的科技创新高地、内陆地区改革开放的高地。

施更大规模的减税，再到 2020 年应对疫情的减税降费政策和 2022 年组合式税费支持政策，税收优惠政策连年升级，为汽车制造业注入了"强心剂"。汽车产业享受的税收优惠政策不仅有普惠性的增值税从 17％降到 13％，小规模纳税人增值税降率、免征，小型微利企业年应纳税所得额超过 100 万元但不超过 300 万元的部分减免，"六税两费"减半征收等，还有针对制造业中小微企业延缓缴纳部分税费，装备制造等先进制造业增值税期末留抵退税，制造业企业研发费用加计扣除比例由 75％提高至 100％，阶段性缓缴社会保险费等，各类优惠政策涉及增值税、企业所得税、资源税、城市维护建设税等 10 多个税种，构建了立体式税收优惠政策体系。从减税效应看，2022 年 1—6 月湖南省汽车产业享受组合式税费支持政策减税金额 43.37 亿元，其中留抵退税金额 38.83 亿元，减税金额 4.16 亿元。分政策看，276 户企业享受研发费用加计扣除金额 2.33 亿元，30 户高新技术企业减按 15％税率征收企业所得税减免 0.99 亿元。规模空前的退税减税缓税政策为处于困境的汽车产业托底，政策效应显现，其"惠"已经赋予。

四是市场消费充满新活力。2021 年，湖南省居民人均可支配收入创历史新高，突破 3.2 万元，城乡收入差距逐步减少，居民购买力进一步增强。从市场前景看，2020 年湖南省每千人汽车保有量为 144 辆，而我国每千人汽车保有量达到 214 辆，汽车消费潜力较大。近年来，湖南省主动融入共建"一带一路"，阔步"走出去"，中非经贸博览会永久落户长沙，为湖南汽车产业推动中非合作以及中低端汽车出口创造了优势条件。中联重科、三一重工等企业大力拓展国际市场，成为行业领军企业。三一汽车制造有限公司的罐式类专用汽车销量和长沙中联重科环境产业有限公司的自卸类专用汽车销量均排名全国第一，在国际市场和细分市场中也将大有可为。从消费趋势看，国家加大对新能源汽车的扶持力度，新能源汽车市场占有率逐年攀升，中国汽车工业协会数据显示，2023 年达到 31.6％。2021 年湖南新能源汽车产量步入快车道，同比增长 106.3%（表 6-8）。为稳定经济发展，2022 年 5 月，国家税务总局落实国务院会议精神，出台单车价格（不含增值税）不超过 30 万元的 2.0 升及以下排量乘用车减半征收车辆购置税政策。2022 年 6 月，国务院常务会议确定进一步释放汽车消费潜力，从活跃二手车市场、促进汽车更新消费、支持新能源汽车消费、完善汽车平行进口政策等方面拉动汽车消费市场。2022 年 6 月湖南下发《关于进一步促进消费持续恢复的若干措施》，鼓励汽车消费。在多重利好政策推动下，湖南汽车产销呈现恢复性增长，部分乘用车减半征收车辆购置税实施仅 1 个月，全省共减征税额 2.19 亿元，减征车辆 3.45 万辆；1—6 月，湖南新能源汽车免征车辆购置税 6.11 万辆，是 2021 年同期的 2.6 倍。新能源汽车作为支撑汽车产业发展的新兴力量，其"势"已破土而出。

表 6-8　2019 年至 2021 年全国及湖南省新能源汽车产量情况

年份	全国		湖南省		
	产量（万辆）	比上年增长	产量（万辆）	比上年增长	产量占比
2019 年	124.2	−2.3%	11.8	148.1%	9.5%
2020 年	136.6	7.5%	5.2	−56.2%	3.8%
2021 年	354.5	159.5%	19.0	106.3%	5.4%

数据来源：国家统计局网站和湖南省国民经济和社会发展统计公报。

五是产业基础展示新气象。当前湖南已拥有较完整的汽车制造产业链，比亚迪、北汽福田、吉利汽车等知名企业在此集聚，形成了千亿产业集群，具备生产各类汽车的能力。经过精心谋划，湖南新能源汽车产业集群已初具规模，长沙比亚迪专注于纯电动和插电式混合动力汽车生产，2022 年产能达到 60 万辆。依托现代化园区建设，汽车原材料、基础零部件本地供应能力不断增强，具备一定实力的配套企业扎根湖南。在基础设施配套上，湖南加强新能源汽车充电基础设施规划和建设，预计 2025 年保有量将达到 40 万个以上。新能源汽车乘势而上，其"基"日渐牢固。

六是发达国家带来新借鉴。自 19 世纪末第一辆汽车面世至今，世界汽车工业发生了翻天覆地的变化，欧美、日韩等发达国家在汽车工业领域占据着重要地位，汽车产业成为拉动经济增长的支柱产业之一。以德国、美国、日本为代表的汽车强国为湖南汽车产业发展提供了启示。第一，技术革新引领产业变革。汽车工业是技术密集型产业，每一次科技革命都赋予汽车工业新能量，德国是汽车产业发展的先行者，依托技术优势成为引领行业发展的标杆，德国举全国之力发展汽车制造业，汽车制造业占 GDP 达 5％，成为经济发展的引擎。德国在传统汽车发动机、底盘、变速箱等技术方面领先全球，形成核心竞争力；通过发展职业教育，培养高素质专业技术人才，汽车制造业从业人员达 80 万人；建立完整的产业链，全球汽车零部件供应商前十企业中德国独占三席，牢牢把握产业链的高价值段；打造高端品牌，大众、奔驰、宝马、奥迪、保时捷等知名品牌享誉全球。面对汽车产业新形势，德国制定《国家工业战略2030》，加速向电动化转型，重塑汽车产业供应链，巩固其优势地位。第二，政策倾斜支撑产业发展。美国汽车产业起步早，拥有福特、通用、别克、凯迪拉克、雪佛兰、吉普、林肯、特斯拉等汽车品牌，汽车保有量居世界首位。强大的科研力量和创新能力，催生出以特斯拉为代表的新能源汽车制造企业，引领汽车产业向电气化、网络化、智能化、共享化变革；美国政府实行美国优先原则，对经济进行国家干预，推动"再工业"战略，通过制造业回归本土，享受税收补贴，寻求塑造全球优势，进而提高美国新能源汽车渗透力；借助雄厚的工业基础，实行产业集群发展，利用便捷的交通物流和良好的营商环境，吸引全球汽车制造企业在美生产，产学研联合促进科技成果转化，美国芯片技术、自动驾驶技术具备强大优势。第三，资源整合支持产业循环。日系汽车常年跻身全球销量第一方阵，得益于日本汽车制造企业的先进技术积累和显著的品牌效应。丰田、日产、本田等企业依托其实用、低油耗、高性价比等特点赢得市场认可；日本车企大力开拓国际市场，支持企业在海外精准布局，产业链整体

"走出去"，加快产业链价值链有机融合；日系车企在资本运营、技术研发等方面相互支持、抱团出海，同时注重与外国市场车企合作，整合优势资源，快速提高市场认可度。比如丰田与广汽集团合作成立广汽丰田，在中国市场取得了不俗业绩，与特斯拉合作进军电动汽车领域。发达国家汽车产业的发展演进，为我们提供了丰富的实践案例，经过多年的沉淀和探索，湖南对标蓄势赶超，其"机"已成熟。

二、湖南汽车产业面临的挑战

湖南汽车产业虽然已经打下了较好的基础，具备一定的比较优势，但放眼全国和产业未来，仍然存在诸多困难和挑战。

一是产业税收贡献能力下降。2021年湖南在国内 GDP 排第 9 名，而汽车产业税收收入排全国第 16 名，中部六省第 3 名，汽车产业税收贡献与经济发展形势不匹配。湖南汽车产业不仅面临需求收缩、供给冲击、预期转弱等宏观经济方面的三重压力，还经受着产业结构深层次的调整，处于转型升级"投入期"，汽车产业税收下滑明显。湖南车企公司总部、研发总部、生产总部企业少，大部分是分公司，企业所得税等大部分税收流向其总部所在地，地方税收留存较少。

二是产业转型升级带来阵痛。在国家规划引领和政策驱动下，中国汽车品牌在新能源汽车领域蹚出了一条高质量发展道路，造车新势力相继加入，合资汽车制造商纷纷向新能源汽车进军，市场规模不断扩大（表 6-9）。湖南在新能源汽车领域起步较晚，燃油汽车产能过剩，亟须转换升级。在中部六省中，湖北省一枝独秀，年汽车产量稳定在 200 万辆以上。2019 年湖南省被安徽省赶超，2021 年安徽省汽车总产量比湖南高 123.3%（表 6-10），其新能源汽车产量居中部六省第 1，占全国比重为 7.1%（表 6-11）。安徽省着力打造产值万亿汽车产业，不仅拥有奇瑞、江淮等本土汽车品牌，还将蔚来中国区域总部引进到合肥，吸引大众汽车在安徽投入一期产能 35 万辆，比亚迪合肥基地规划产能 40 万辆。湖南汽车产业正处在技术更新、产品换代的关键时期，不仅需要投入大量的人力、物力和财力，还要面临激烈的市场竞争，转型突围任重道远。

表 6-9　2021 年中国主要汽车集团汽车生产情况

公司	年销量(万辆)	新能源汽车销量(万辆)	新能源汽车销量占比
上汽集团	546.35	73.30	13.42%
一汽集团	350.10	—	—
东风汽车	327.53	16.06	4.90%
长安汽车	230.10	11.41	4.96%
广汽集团	214.44	14.29	6.66%
吉利汽车	132.80	10.01	7.54%
长城汽车	128.10	13.91	10.86%
奇瑞汽车	96.19	10.90	11.33%
比亚迪	72.13	56.29	78.03%
江淮汽车	52.42	13.41	25.59%

数据来源：根据各公司年报、官网及行业信息整理。

表 6-10　2019—2021 年全国及部分省份汽车产量情况

地区	2019 年			2020 年			2021 年		
	产量(万辆)	全国占比	同比增长	产量(万辆)	全国占比	同比增长	产量(万辆)	全国占比	同比增长
全国	2567.7	—	−8.3%	2532.5	—	−1.4%	2652.8	—	4.8%
湖南	85.0	3.3%	−2.1%	63.5	2.5%	−25.2%	67.3	2.5%	4.9%
湖北	224.0	8.7%	−7.4%	209.4	8.3%	−6.0%	209.9	7.9%	−0.2%
安徽	92.1	3.6%	8.7%	116.1	4.6%	23.8%	150.3	5.7%	29.5%

表 6-11　2019—2021 年全国及部分省份新能源汽车产量情况

地区	2019 年			2020 年			2021 年		
	产量（万辆）	全国占比	同比增长	产量（万辆）	全国占比	同比增长	产量（万辆）	全国占比	同比增长
全国	124.2	—	−2.3％	136.6	—	7.5％	354.5	—	159.5％
湖南	11.8	9.5％	148.1％	5.2	3.8％	−56.2％	19.0	5.4％	106.3％
湖北	6.1	4.9％	−8.9％	3.2	2.3％	−48.4％	15.0	4.2％	383.9％
安徽	11.6	9.3％	−0.9％	10.5	7.7％	−10.7％	25.2	7.1％	127.0％

数据来源：国家统计局网站、全国及相关省份国民经济和社会发展统计公报、中国汽车工业协会。

三是本地配套能力不强。2021 年湖南汽车车身、汽车底盘、汽车底盘车架及其零件、汽车用发动机、汽车仪器仪表等主要部件省内购进占比普遍偏低，主要核心部件依靠省外市场提供。汽车用发动机 2019 年、2020 年省内购进占比只有 1％，2021 年有所增长，达到 13.58％（表 6-12）。新能源汽车使用的电池对外省依赖度较高，2021 年锂离子蓄电池购进总金额 62.16 亿元，省外购进占比 75.7％，铅酸蓄电池和燃料电池省外购进分别占比 82.9％、97.3％（表 6-13）。《中国汽车报》2022 年发布的《2022 全球汽车供应链核心企业竞争力白皮书》数据显示，有潍柴集团、华域汽车、宁德时代、海纳川、均胜电子等 14 家中国企业入围全球百强，但其中无一家是湖南企业。汽车芯片紧缺严重制约着我国汽车产业的健康发展，美国拟扩大对中国的半导体制裁，"缺芯"的压力将进一步加大。产业本地配套程度不仅直接影响汽车制造的成本，而且关系到产业链的稳定和安全，值得重点关注。

表 6-12　2021 年湖南省汽车主要部件发票购进情况

名称	发票购进金额（亿元）	省内占比	省外占比
汽车车身	12.26	35.04％	64.96％

续表

名称	发票购进金额(亿元)	省内占比	省外占比
汽车底盘	4.31	19.94%	80.06%
汽车底盘车架及其零件	35.65	35.83%	64.17%
汽车用发动机	45.61	13.58%	86.42%
汽车仪器仪表	1.95	6.05%	93.95%

表 6-13　2021 年湖南省电池及零部件发票购进情况

项目	发票购进金额(万元)	省内	省外
锂离子蓄电池	621556.41	24.3%	75.7%
铅酸蓄电池	4727.47	17.1%	82.9%
燃料电池	363.33	2.7%	97.3%
金属氢化物镍蓄电池	16.39	98.7%	1.3%

四是缺乏核心竞争力。湖南虽然集聚了一批整车制造企业,但在乘用车市场的表现并不突出。中国乘联会公布的 2021 年全国轿车零售销量排行的前十五名中,湖南本土生产的车型中,只有上汽大众长沙公司生产的新朗逸入选(图 6-2),2021 年湖南新能源汽车产量 19 万辆,占全国的 5.4%。研发投入是反映企业创新能力的重要指标,国内大型车企高度重视技术研发,2021 年研发强度①平均为 5.76%(表 6-14)。湖南整车制造企业以生产组装为主,具备完整研发体系的企业少,关键技术主要来自集团总部的研发基地。2021 年湖南汽车产业研发费用大幅增加,研发费用扣除总金额达 106.38 亿元,占申报营业收入比例的 10.46%(表 6-15),但整车制造企业除广汽菲亚特(10.4%)外,广汽三菱(1.15%)、湖南吉利汽车(1.83%)、中车时代电动汽车(3.41%)、长沙梅花汽车(3.34%)、湖南猎豹(4.56%)等企业(不含企业总部不在湖南的整

---

① 研发强度=研发投入/营业收入×100%。

车制造企业)研发投入占营收的比例均低于大型上市车企平均水平。汽车制造业是技术密集型产业，湖南依靠新能源汽车在全国进位争先，势必要以高新技术和新型人才为支撑，打造本地优势品牌。

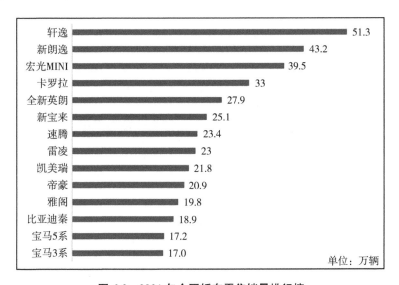

图6-2　2021年全国轿车零售销量排行榜

表6-14　2021年部分上市车企研发投入情况

序号	公司名称	营业收入（亿元）	研发投入（亿元）	研发投入占营收的比例	研发投入同比增长
1	上汽集团	7599.15	205.95	2.71%	37.60%
2	一汽集团	7057.00	212.40	3.01%	16.24%
3	长安汽车	1051.42	48.27	4.59%	24.51%
4	广汽集团	751.10	51.65	6.88%	0.78%
5	吉利汽车	1016.00	55.18	5.43%	16.10%
6	长城汽车	1364.05	90.67	6.65%	76.05%
7	比亚迪	2161.42	106.27	4.92%	24.20%
8	江淮汽车	402.14	17.94	4.46%	−0.85%
9	福田汽车	549.74	18.40	3.35%	−8.06%

续表

序号	公司名称	营业收入（亿元）	研发投入（亿元）	研发投入占营收的比例	研发投入同比增长
10	北汽蓝谷	155.50	18.36	11.81%	16.08%
11	东风汽车	155.50	4.29	2.76%	10.99%
12	理想	261.30	32.90	12.59%	198.80%
合计/平均		22524.31	862.28	5.76%	34.37%

数据来源：根据有关公司年报整理。

表 6-15　2019－2021 年湖南省汽车制造业研发费用情况

项目	2019 年		2020 年		2021 年	
	研发费用金额（亿元）	研发投入占营收的比例	研发费用金额（亿元）	研发投入占营收的比例	研发费用金额（亿元）	研发投入占营收的比例
新能源车整车制造	1.41	2.98%	1.79	4.59%	10.82	37.34%
汽柴油车整车制造	7.32	1.32%	7.61	1.72%	17.17	7.12%
汽车零部件及配件制造	13.70	2.24%	17.41	3.25%	78.39	10.50%
合计	22.43	1.85%	26.80	2.64%	106.38	10.46%

第三节　助推湖南汽车产业高质量发展的思路对策

湖南汽车产业在转型道路上"前有标兵、后有追兵"，需时刻保持"不进则退、慢进亦退"的紧迫感，以新发展理念为引领，融入"三高四新"战略，把握绿色低碳发展方向，深挖税收政策工具潜力，闯出一条符合湖南省情的高质量赶超之路。

一、聚焦目标，乘势聚力拓展产业格局

在全国的大坐标中统筹谋划，锚定打造具有全球影响力的智能制造汽车产业高地目标，科学规划汽车产业发展，下准先手棋，因时应势奋起直追。

一是构建新格局。政府可以通过实施强有力的产业结构政策，采取调整、保护、扶植、改造、淘汰等措施，发展优势产能，加速产业结构换代。通过外引内培夯实产业底座，利用专项规划政策支持、创新平台支柱、多方资源支撑，构建"整车制造＋核心配套＋多链融合＋产业集群"汽车产业格局，争取更多大型整车制造企业将更多畅销车型放在湖南生产，稳步扩大新能源汽车产能。招引行业龙头企业、关键配套企业和汽车销售公司落户湖南，建设覆盖上下游完整产业链，形成磁吸效应。

二是融入大市场。发挥市场在资源配置中的决定性作用，建设完善的汽车产业要素市场。加强宏观调控保供稳价，增强逆周期调节的有效性。突出产业政策引导，重点发展新能源和智能网联汽车，建设现代化汽车产业园，形成技术、数据要素"洼地"，把智能网联优势转化为产业发展优势和开路"领跑"的动力，加强整车生产布局，以长株潭为中心，培育辐射全省、引领全链的新"增长极"。

三是找准着力点。以产业龙头为牵引，释放"1＋N"产业带动成效，利用长沙比亚迪产业链齐全、创新能力强的辐射引领力，激发新能源乘用车和商用车的后发动能，助推广汽三菱、湖南吉利等整车制造企业智能化改造，用好湖南装备制造业优势，支持中联重科、三一重工在专用车市场上独辟蹊径，巩固扩大市场影响力。建设具有特色的新能源汽车产业集群，跑出湖南"加速度"。将汽车制造业纳入"三高四新"财源建设工程，对汽车企业税收贡献进行跟踪分析，涵养新税源，支持企业扩大规模、做大做强，创造更多税收收入，稳定产业发展基本盘。

二、支持创新，加大研发培育优势品牌

坚持创新驱动，把科技自立自强作为湖南汽车产业的重要支撑，健全产业"造血"功能，深化汽车产业供给侧结构性改革，发挥税收职能作用，在强省会战略和长株潭融城发展实施中，加快建成智能网联汽车"快速通道"。

一是稳发展。坚决落实与汽车产业有关的组合式税费政策，通过"免、减、降、退、缓"等多种方式帮助汽车企业缓解资金困难，保住市场主体、稳住产业根基。组建专家团队深入企业帮扶，建立网格化政策落实制度，用好用足税费优惠政策，帮助汽车企业解决实际困难，渡过转型难关。深化"银税互动"，优化合作模式，为纳税信用良好的企业融资提供便利，引资金活水帮助企业。

二是重创新。依托湘江实验室等重大科技创新平台建设，整合政府、高校、科研院所和企业资源进行集成攻关，推动汽车制造技术产学研用一体化。突出企业创新主体地位，落实研发费用加计扣除，提前享受前三季度扣除额优惠，高新技术企业按15％税率减征企业所得税，延长高新技术企业和科技型中小企业的企业所得税弥补亏损年限，技术转让、技术开发、技术服务免征增值税等一揽子税收政策，构建契合湖南实际和产业需求的税费激励机制，通过"赛马机制"给予奖励，全周期支持湖南汽车产业突围，将创新力转化为生产力。

三是强品牌。厚植品牌意识，培养核心竞争力。支持企业加大新能源汽车核心零部件产品研发，支持新能源电池技术路线多元化发展，不断提升电池性能，增加续航里程和稳定性。主动应对汽车"缺芯"挑战，进一步扩大集成电路生产企业所得税减免政策，引进国内半导体生产企业，推进车规级芯片国产化，策应比亚迪、大众等新能源汽车企业生产，打破国外技术壁垒和封锁。助推车身、汽车底盘车架、电驱动系统本地化生产供应，深化智能计算平台、无人驾驶、大数据等先进技术运用，增强新能源汽车体验感和安全性，推动湖南

汽车产业向中高端迈进，擦亮"湖南智造"自主创新品牌。

三、拉动消费，助推汽车产业绿色转型

消费是稳经济大盘的主引擎，以消费者需求为导向，打出政策"组合拳"，引导市场行为，促进汽车消费，撬动湖南汽车产业更新升级。

一是扩大内需保复苏。完善以鼓励消费和绿色化为导向的汽车税收政策体系，促进节能减排和产业可持续发展。建议对低排量燃油车阶段性减免车辆购置税，从减半征收放宽到按 25％税率征收，对车船税实行减半征收，推动新能源汽车免征车辆购置税政策作为中长期制度性安排，以政策的延续性维持消费的稳定性，制定"以奖代补"等新政策对冲财政补贴退坡影响，降低购买环节的税收负担，提振新能源汽车消费信心。

二是优化税制促消费。优化消费税税制，推动消费税征收从生产环节向批发、零售环节转移，减轻汽车生产企业负担，引导企业加强创新研发，为产业发展注入绿色动能。建议将消费税转移给地方，变中央税为中央地方共享税，改变以往重生产、轻消费的观念，为地方政府增加支柱性财力。合理设置车辆购置税、车船税税率，综合排量大小、油耗高低等因素进行分档征收，扩大各档之间差距，调节引导市场消费行为，让低排放、低能耗车型成为消费主导，采取申领消费券、产品置换、取消上牌限制等方式激发消费热情。

三是协同联动增后劲。树立共建共治理念，加强部门协作，打通"生产—流通—销售—服务"各环节堵点，缩短产业模式转换周期。大力推广新能源汽车在公务用车、公共交通、出租车、环卫车等公共服务和便民出行领域应用，支持三一汽车、中联重科汽车发展壮大。关注细分市场动向，发展房车制造、租赁和销售，满足民众个性化需求，打造新的市场增长点。持续开展新能源汽车下乡活动，多渠道提高湖南汽车品牌的市场渗透率。通过税费优惠政策标签体系，向纳税人精准推送政策，鼓励大众消费，提高省内消费者对本地汽车品

牌的知晓度和美誉度。落实二手车交易增值税减按 0.5％征收政策，活跃二手车市场，不断扩大市场容量，合理消化库存，带动产品更新消费。

四、强化配套，延伸产业链提升价值链

提升汽车产业链现代化水平，在补链、强链、延链上下功夫，激发产业链内生动力，跃上先进制造业新高地。

一是以链强基添力。构建完备的智能网联汽车产业链，吸引更多上下游企业落户湖南以应对全球供应链大调整。依靠骨干企业带动作用，提高汽车产业本地配套率，增强产业链的韧劲。深耕智能网联汽车道路测试与示范应用，完善基础设施、丰富测试区场景、健全管理制度和测试标准，加快技术沉淀和经验积累，形成自动驾驶、智能网联汽车技术标准化体系，助推智能网联汽车加速"上路"。

二是降低成本加力。从多层面降低汽车生产企业的生产成本和税收负担，落实中小微企业价值 500 万元以上的设备器具按一定比例一次性税前扣除和小微企业"六税两费"减半征收优惠政策。鉴于汽车整车制造业企业大都为大型企业，占用的房屋土地面积较大、成本偏高，且优惠政策较少，建议降低高端制造业企业取得土地环节、持有房产环节所承担的税收负担。房产税和城镇土地使用税属于地方税种，地方政府有一定减免权限，可适当加大阶段性减免力度，稳定企业预期，降低汽车制造企业生产成本。

三是多链融合发力。构建产业链、人才链、创新链、资金链融合发展机制，持续优化税收营商环境，创新税收服务举措，深化办税缴费便利化改革，优化税收执法方式，推行税收执法"首违不罚"清单。建立重点企业联系帮扶制度，实施"一企一策"，为企业办实事、解难题。上下联动、内外协同发力促进汽车产业良性循环，为产业价值链提升培育优质土壤。吸引更多"塔尖型"高层次产业人才汇聚湖南，引导职业院校开设汽车制造维修等相关专业，培养一大

批专业技术工人。落实职工教育经费、工会经费企业所得税税前扣除，继续教育个人所得税税前扣除，科技成果转化先进奖励个人所得税优惠等税收政策，将工会经费返还政策扩大至汽车制造企业，提升汽车产业工人队伍素质。加大汽车制造企业和产业链企业奖补措施，为技术创新、产品提质和生产提效增添"税动力"。

四是优化保障助力。利用好基于增值税发票开发的全国纳税人供应链查询系统，通过税收大数据为汽车制造企业提供可靠的上下游企业信息，为缓解供应不足、优化供给方案建立"云端"纽带。强化底线思维，增强防范各类风险能力，克服芯片短缺、原材料价格上涨等不利因素影响，做好技术方案、物资能源和政策工具储备，减少疫情或其他突发情况对湖南汽车产业的影响。加强充电桩建设，提供更加便利快捷的充电服务，强化电力供应，为安心安全出行提供保障。

五、优化生态，加强跨领域融合型发展

抢抓机遇占领市场，优化产业结构和布局，共创智能汽车数字生态，塑造湖南汽车制造的比较优势。

一是多维度"融"。采取包容性税收政策支持战略性新兴产业健康发展，落实支持创新创业税收优惠政策，孵化培育与汽车产业相关的专精特新企业，提高汽车制造智能化、现代化的同时，搞活汽车服务业。延伸产业边界，加强与大数据、物联网、人工智能、5G 信息通讯、共享平台等领域头部企业的深度合作，强强联合创新发展模式，提高产业间的技术经济耦合度，探索更具渗透力、包容性更强、更加智能化的汽车产业生态化路径，形成产业竞争力，创造出新的经济增长点。

二是多方位"合"。利用区域要素禀赋，开拓智能网联、动力技术在汽车制造领域的专业化版图，走好差异化路线。加强产业省际互动合作，借助湖北省

完整的汽车供应链和广东省科技创新力量强的优势，促进区域间要素流动、功能互补，降低跨区域运输成本，保持产业链供应链安全稳定，畅通汽车产业区域内循环。在长株潭地区错位布局中探索振兴之路，在产品专业化、差别化发展路线中奋力崛起，力争成为沿"武广"线发展的汽车工业大走廊的重要一环。

三是多渠道"联"。坚持对外开放，借鉴税务部门在自由贸易试验区的制度创新和实践经验，推出支持汽车产业"走出去"和"引进来"的税收创新举措。加强与海关等部门协同和信息共享，为汽车企业通关提供便利。助力企业依靠湘粤非铁海联运通道、西部陆海新通道、中欧班列等渠道，打开对外出口贸易窗口，融入"一带一路"建设，借助中非经贸博览会向非洲国家出口中低端汽车，主动与国际市场对接，以高质量产品和高品质服务在国际市场上闯出新路、拼出未来。

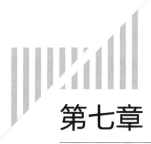

第七章

基于税收视角的湖南医药制造业发展研究

医药制造业是大健康产业的核心组成部分,对保障人民健康、促进社会和谐具有关键作用。在全球医药制造业迅猛发展的背景下,提升医药制造业的创新能力和市场竞争力成为各国和地区的重要任务。湖南省作为中部六省之一,其医药制造业近年来取得了一定的发展成就,但在税收收入、企业盈利能力、技术创新等方面仍面临诸多挑战。本章旨在从税收数据视角,深入分析湖南省医药制造业的发展现状和存在的问题,通过横向对比中部其他省份,找出湖南省在行业竞争中的地位和不足之处。通过研究,可以更好地了解湖南省医药制造业的实际情况,为政府部门、行业组织和相关企业提供数据支持和决策参考,进一步推动湖南省医药制造业的高质量发展,这对于提升区域经济竞争力、保障民生健康、助力健康中国建设具有重要意义。

第一节　湖南医药制造业发展的比较分析

一、税收收入总量位居中游水平,湖南医药制造业发展相对稳定

从税收收入总量看,2018 年至 2022 年,湖南省医药制造业的税收收入整体呈波动趋势,2019 年有所下降,随后两年上升,在 2022 年再次出现下降,比 2018 年减少 0.91 亿元(图 7-1)。尽管税收收入有所波动,但医药制造业税收在整体税收中的占比依然保持相对稳定,介于 0.74% 至 0.77% 之间;2022 年湖南省医药制造业税收收入占总税收收入的比重为 0.77%,相比 2018 年增加了 0.01 个百分点。

通过横向对比可知,湖南省医药制造业 2020 年至 2022 年平均税收收入为 32.64 亿元,排中部地区第 4(表 7-1),较之医药制造业相对发达的湖北省少 30 亿元,比排名第 6 的山西省多 14.88 亿元。湖南省医药制造业税收收入在总量上与安徽、江西等省份相近,居中部六省第二梯队。2020 年至 2022 年,

湖南省医药制造业税收收入增长并不稳定，呈现出负增长，年均增速为
－2.30％，年均增速也位居第4。

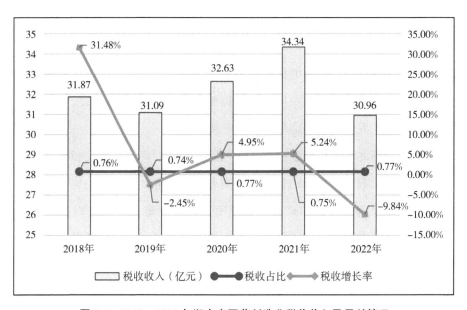

图 7-1 2018—2022 年湖南省医药制造业税收收入及贡献情况

数据来源：《中国税务年鉴》。

表 7-1 2020—2022 年中部六省医药制造业税收收入对比

省份	税收收入（亿元）			年平均税收收入（亿元）	收入排名	年均增速	增速排名
	2022 年	2021 年	2020 年				
湖南	30.96	34.34	32.63	32.64	4	－2.30％	4
湖北	81.23	56.02	50.67	62.64	1	27.78％	1
河南	38.55	38.99	39.52	39.02	2	－1.23％	3
江西	30.10	36.89	37.26	34.75	3	－9.70％	6
安徽	28.75	32.34	27.70	29.60	5	2.83％	2
山西	18.03	13.80	21.45	17.76	6	－2.52％	5

数据来源：《中国税务年鉴》。

深入分析湖南省医药制造业税收收入的现状，可以发现几个关键点：首先，湖南省医药制造业税收收入在中部六省处于中游水平，未达到领先地位；其次，税收收入的波动性反映出行业受市场和政策影响较大，缺乏稳定的增长动力，2022 年湖南省医药制造业税收收入下降尤其值得关注，表明在经济环境变化或政策调整时，行业的抗压能力和应对措施可能不足；再次，虽然医药制造业税收收入在整体税收中的占比保持相对稳定，但增速的放缓和负增长趋势显示出行业在发展过程中面临的压力和挑战。

此外，与湖北省等医药制造业发达地区相比，湖南省在规模和收入上仍有较大差距，但比起排名更低的省份，湖南省在中部地区的地位仍然稳固。这种中游水平和不稳定的增长模式反映出湖南省医药制造业在基础设施、科技研发、市场开拓等方面仍有较大提升空间。要进一步巩固和提升湖南省医药制造业在中部地区的地位，需要在增强行业创新能力、扩大市场份额、优化政策支持等方面持续努力，从而实现更稳定和高质量的发展。

二、企业所得税贡献率稳步提升，湖南省医药制造业实力逐步增强

数据显示，中部六省医药制造业加速分化的状况日趋明显。2022 年中部六省医药制造业税收收入及税收占比总体呈现出"先增后降"的倒 V 形发展趋势。2022 年湖南省医药制造业企业所得税占总企业所得税的比重为 1.23％（图7-2），相比 2018 年增加了 0.54 个百分点。

通过横向对比可知，湖南省医药制造业 2018 年至 2022 年平均企业所得税为 6.52 亿元，排名中部地区第 5（表 7-2），较之医药制造业相对发达的湖北省少 10.70 亿元，比排名第 6 的山西省多 3.79 亿元。2018 年至 2022 年湖南省医药制造业企业所得税占该行业税收收入的比重均值为 1.04％，排名第 4，居中游水平。五年间，医药制造业企业所得税占比增幅最大的是湖北省，达到0.55％；其次是湖南省，为 0.35％；而山西等省份徘徊不前，说明中部六省

医药制造业正在经历快速分化的过程。在湖南省医药制造业实力逐步增强的同时，行业竞争加剧态势也在日益显现。

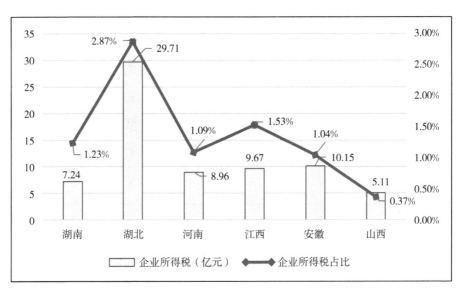

图 7-2　2022 年中部六省医药制造业企业所得税及贡献情况

数据来源：《中国税务年鉴》。

表 7-2　2018—2022 年中部六省医药制造业企业所得税对比

省份	企业所得税（亿元）					年平均企业所得税	年平均企业所得税排名	企业所得税占比均值	占比均值排名	企业所得税占比增幅	占比增幅排名
	2018 年	2019 年	2020 年	2021 年	2022 年						
湖南	4.05	5.39	7.35	8.55	7.24	6.52	5	1.04％	4	0.35％	2
湖北	11.59	12.83	16.79	15.21	29.71	17.22	1	1.70％	1	0.55％	1
河南	8.31	7.41	10.96	10.81	8.96	9.29	2	1.07％	3	0.13％	5
江西	7.34	8.98	9.05	11.38	9.67	9.28	3	1.56％	2	0.23％	3
安徽	4.26	3.86	4.83	10.17	10.15	6.65	4	0.71％	5	0.20％	4
山西	2.86	2.75	1.60	1.32	5.11	2.73	6	0.36％	6	−0.17％	6

数据来源：《中国税务年鉴》。

深入分析企业所得税贡献率的提升，可以发现几个重要趋势：首先，湖南省医药制造业企业所得税在总企业所得税中的比重增加，反映出企业盈利能力的提升和行业经营质量的改善；其次，尽管湖南省医药制造业企业所得税收入呈现"先增后降"的倒 V 形趋势，但整体上仍有显著增长，尤其是相比 2018 年，2022 年的企业所得税占比明显增加(图 7-3)，这表明行业在一定程度上克服了市场和政策的不确定性，实现了盈利能力的提升；最后，与湖北省和山西省的对比进一步揭示了湖南省医药制造业的竞争地位，虽然与领先的湖北省仍有差距，但与落后的山西省相比，湖南省在提升企业所得税贡献率方面表现出较强的潜力和竞争力。

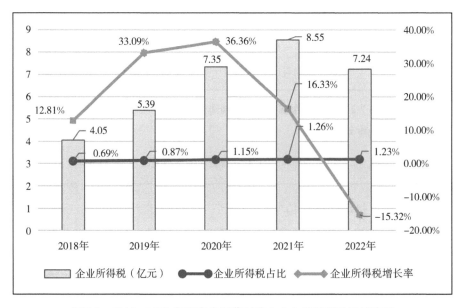

图 7-3　2018—2022 年湖南省医药制造业企业所得税及贡献情况

数据来源：《中国税务年鉴》。

三、湖南省医药制造业研发能力逐步增强，增长动力有待提高

数据显示，2020 年至 2022 年湖南省医药制造业营业利润总体呈现出"先增后降"的倒 V 形发展趋势（图 7-4），年平均营业利润规模为 86.90 亿元，营业利润增长率呈现出持续减少的趋势，但 2020 年至 2022 年的年均增速仍是正增长，为 2.74%，反映出近年来湖南省高度重视医药制造业的研发投入和科技创新、大力鼓励支持医药制造业企业上市等工作已经初见成效，但增长动力还有待提高。

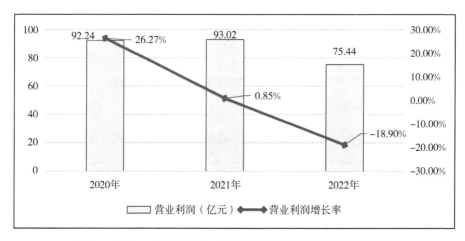

图 7-4　2020—2022 年湖南省医药制造业营业利润及增长率情况

数据来源：《中国工业统计年鉴》。

通过横向对比可知，2022 年湖南省医药制造业营业利润为 75.44 亿元，较之医药制造业相对发达的湖北省少 131.33 亿元，但比排名第 6 的山西省多 61.98 亿元（图 7-5、表 7-3）。具体数据揭示了湖南省在中部省份中的竞争地位——尽管营业利润规模在中部省份中不算最差，但仍处于中下水平。这表明，湖南省在医药制造业的市场份额和盈利能力上与领先省份仍有较大差距。特别是 2022 年，除湖北省外，其余省份的营业利润均出现负增长，而湖南省的负增长尤为显著，进一步凸显了行业的增长动力不足。

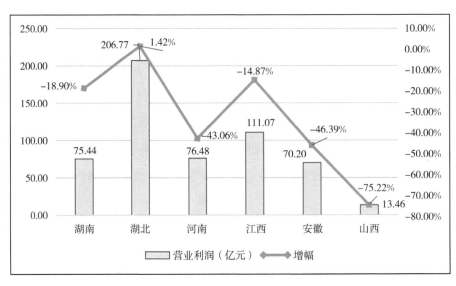

图 7-5 2022 年中部六省医药制造业营业利润情况

数据来源：《中国工业统计年鉴》。

表 7-3 2019—2022 年中部六省医药制造业营业利润对比

省份	营业利润（亿元）				年平均营业利润（亿元）	规模排名	平均增速	平均增速排名
	2019 年	2020 年	2021 年	2022 年				
湖南	73.05	92.24	93.02	75.44	83.44	5	2.74％	4
湖北	134.19	140.26	203.87	206.77	171.27	1	17.10％	2
河南	134.41	121.07	134.32	76.48	116.57	3	−14.01％	6
江西	121.88	139.33	130.47	111.07	125.69	2	−2.30％	5
安徽	65.85	69.29	130.94	70.20	84.07	4	15.94％	3
山西	17.36	10.59	54.31	13.46	23.93	6	99.54％	1

数据来源：《中国工业统计年鉴》。

　　深入分析湖南省医药制造业研发能力逐步增强但增长动力有待提高的现状，可以发现几个关键问题：首先，尽管湖南省在研发投入和科技创新方面取得了一定进展，但整体研发能力仍需进一步提升，研发投入的增加初见成效，但与行业领先省份相比，仍存在明显差距；其次，营业利润的波动性反映出市场和政策环境的变化对行业的影响较大，虽然湖南省在支持企业上市和科技创新方面采取了积极措施，但行业的稳定增长仍需更多的政策支持和市场拓展。此外，湖南省医药制造业在市场竞争力、技术创新能力和资源整合能力方面仍有很大的提升空间。

总体来看，湖南省医药制造业在研发能力和科技创新方面已经有了一定的基础，但要实现持续和稳定的增长，还需要进一步增强行业的核心竞争力和市场适应能力。提升研发能力、扩大市场份额、优化资源配置，将是湖南省医药制造业未来发展的关键方向。虽然目前增长动力尚有不足，但只要持续推进创新和改革，湖南省医药制造业有望在未来实现更高质量的发展。

第二节　湖南医药制造业发展中存在的问题

一、税收收入增长不稳定，税基不够稳固

尽管湖南省医药制造业的税收收入总量在中部六省中居于中游水平，但其税收收入增长却呈现出波动上升后下降的趋势，反映出湖南省医药制造业的发展并不稳定。2022年湖南省医药制造业税收收入较2018年减少了0.91亿元，显示出行业的总体增速不足。2018年至2022年湖南省医药制造业税收收入平均增长率为－2.30%，出现一定程度的负增长趋势。这一系列数据表明，湖南省医药制造业的税收基础不够稳固，行业发展受到多种因素的制约。例如，市场需求变化、政策环境波动、产业链上下游的协同效应不足等都可能影响行业的税收表现。这种不稳定性不仅会对企业经营产生不利影响，也对地方政府的财政收入构成了挑战。

此外，税收收入的不稳定也反映出湖南省医药制造业在竞争力和市场适应能力方面存在不足。与中部其他省份相比，湖南省的医药制造业在技术创新、产品质量提升、市场拓展等方面可能存在短板。湖北省的医药制造业税收收入大幅增长，说明其在创新能力、生产效率和市场占有率方面具备显著优势，而湖南省则需要在这些方面做出更多努力，以提升行业的整体竞争力。

二、行业规模较小，增长压力较大

近年来，湖南省医药制造业保持较快增长态势，但目前面临较大的增长压力。2020 年至 2022 年湖南省医药制造业年均营业收入为 949.63 亿元，2020 年比 2019 年增长 3.53%，2021 年比 2020 年增长 2.94%，然而在 2022 年却比 2021 年减少 27.18%(图 7-6)，年平均增速为 −6.90%，行业规模和增长速度在中部六省均排名第 4(表 7-4)。行业规模最大的是湖北省，年均营业收入达 1223.01 亿元，比湖南省高出 263.23 亿元；增长速度最快的是山西省，2022 年增速为 11.14%，比湖南省高 38.32%(图 7-7)。

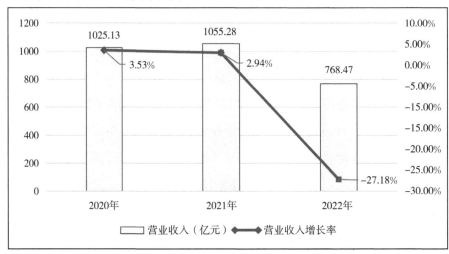

图 7-6 2020—2022 年湖南省医药制造业营业收入及增长率情况

数据来源：《中国工业统计年鉴》。

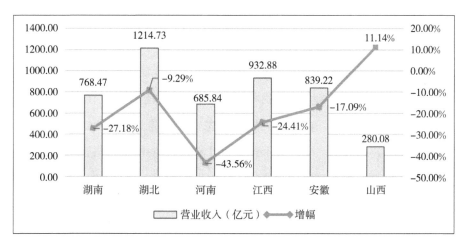

图 7-7　2022 年中部六省医药制造业营业收入情况

数据来源：《中国工业统计年鉴》。

表 7-4　2019—2022 年中部六省医药制造业营业收入对比

省份	营业收入（亿元）				年平均营业收入（亿元）	规模排名	平均增速	平均增速排名
	2019 年	2020 年	2021 年	2022 年				
湖南	990.22	1025.13	1055.28	768.47	959.78	4	−6.90％	4
湖北	1197.12	1141.10	1339.08	1214.73	1223.01	1	1.13％	3
河南	1048.55	1104.22	1215.25	685.84	1013.47	3	−9.40％	6
江西	1208.53	1337.38	1234.19	932.88	1178.25	2	−7.16％	5
安徽	801.58	904.86	1012.23	839.22	889.47	5	2.55％	2
山西	233.58	225.95	252.01	280.08	247.91	6	6.47％	1

　　湖北省在医药制造业的领先地位，得益于其强大的研发能力、完善的产业链和政策支持，而山西省的高增速则表明，其在医药制造业方面有着较大的潜力和快速发展的空间，这为其他中部省份提供了值得借鉴的发展经验。医药制造业整体规模相对较小，市场集中度较低，增长速度也相对较慢，抗风险能力

较差，这限制了中部六省的医药制造业整体的竞争力与发展潜力。市场集中度低导致了资源分散，无法形成规模效应，进而影响了行业的整体效益。此外，规模较小也意味着企业在市场开拓、技术研发、品牌建设等方面的投入和能力有限，难以在激烈的市场竞争中脱颖而出。湖南省医药制造业在面对这些挑战时，还需要克服自身的一些内部问题：首先，产业链上下游的协同效应不强，导致资源配置效率低下，生产成本较高；其次，企业规模普遍较小，缺乏龙头企业的带动作用，行业整体的创新能力和市场影响力不足；再次，资金不足和融资困难的问题普遍存在，制约了企业的发展和技术升级。

三、上市公司盈利能力弱，产品研发能力不足

虽然医药制造业上市公司取得长足发展，但中部六省整体水平一般，突出表现为资产收益率不高。截至 2023 年，湖南省有医药制造业上市公司 9 家，在中部六省中排名第 2。从湖南省医药制造业上市公司的盈利指标看（表 7-5），2023 年湖南省医药制造业上市公司的资产报酬率均值为 5.99%，净资产收益率均值为 7.59%，营业利润率均值为 12.98%，研发费用率均值为 7.53%。从净资产收益率均值看，湖南省医药制造业上市公司净资产收益率在中部六省中排名第 3，可见目前湖南省在中部六省中医药制造业发展水平尚处于中游水平，技术和产品虽有创新，但仍相对落后，具有自主知识产权的创新药较少。

湖南省医药制造业上市公司的盈利能力相对较弱，反映在资产报酬率和净资产收益率的低水平上。尽管营业利润率显示出一定的盈利能力，但与行业领先企业相比仍有较大差距。研发费用虽有所投入，但整体研发投入不足，特别是在新药研发和高端产品创新方面投入不足，导致产品结构单一，缺乏具有市场竞争力的创新产品。此外，企业缺乏具有自主知识产权的创新药，限制了企业在国际市场中的发展潜力。内部管理水平和运营效率的提升、资金链的改善、市场竞争的激烈、市场准入壁垒和政策环境的不确定性等因素，都对湖南

省医药制造业上市公司的发展构成了挑战。综上所述，湖南省医药制造业上市公司在盈利能力和产品研发能力方面均需进一步提升，以增强整体的市场竞争力和可持续发展能力。

表7-5　2023年中部六省医药制造业企业绩效对比

省份	上市公司总数量	资产报酬率均值	净资产收益率均值	营业利润率均值	研发费用率均值
湖南	9	5.99％	7.59％	12.98％	7.53％
湖北	13	4.03％	4.59％	9.88％	7.63％
河南	8	10.87％	12.06％	26.98％	6.93％
江西	6	6.38％	5.85％	12.89％	4.32％
安徽	5	5.45％	6.02％	12.55％	5.28％
山西	6	7.98％	9.51％	15.90％	5.39％

四、技术创新能力偏弱，产学研合作机制不完善

湖南医药制造业近年来虽然取得了一定的发展成就，但在技术创新能力上仍显滞后，主要表现为自主创新能力不足和核心技术缺乏。与中部其他省份的先进企业相比，湖南省医药企业在新药研发和高端医疗器械制造等领域的技术水平仍存在明显差距。湖南省医药制造业在技术创新方面普遍存在"跟跑"现象，即更多地依赖模仿和引进国内外先进技术，而非自主创新和原创性研发，缺乏长远规划和战略眼光。这导致该区域医药产品同质化严重，缺乏具有自主知识产权的核心技术和产品，限制了行业整体技术水平的提升。与此同时，湖南省医药企业在研发投入上普遍不足，且存在资源配置不均的问题。企业规模相对较小、盈利能力有限，部分企业在研发投入上显得力不从心；而一些优势企业在资源获取上占据主导地位，中小企业则难以获得足够的研发资源支持。这种资源配置不均的现象进一步加剧了湖南省医药制造业技术创新的难度和不

确定性。

产学研合作是推动技术创新的重要途径，然而，湖南省医药制造业在这方面仍存在机制不完善的问题。一方面，企业与高校、科研机构之间的合作缺乏有效的沟通和协调机制，导致合作效率低下、成果转化率不高；另一方面，部分企业在产学研合作中缺乏主动性和积极性，对合作成果的转化和应用不够重视。这种合作机制的不完善不仅限制了湖南省医药制造业技术创新能力的提升，也影响了科技成果向现实生产力的转化效率。此外，研发人才的缺乏也是制约技术创新的关键因素。湖南省在吸引和培养高端研发人才方面存在不足，导致企业在技术研发和创新上难以突破。综上所述，技术创新能力偏弱、研发投入不足以及产学研合作机制的不完善，成为制约湖南省医药制造业发展的重要瓶颈，亟须采取有效措施加以改进和提升。

第三节　促进湖南医药制造业高质量发展的建议

医药制造业作为国民经济的重要组成部分，对于保障人民健康、促进社会和谐具有重要意义。税收政策作为国家宏观调控的重要手段，对于医药制造业的高质量发展具有深远的影响。在当前经济形势下，优化税收政策，为医药制造业提供良好的税收环境，是实现行业高质量发展的关键。以下从税收优惠政策、研发创新激励机制、产业链布局与资源配置、税务合规管理等方面提出详细建议。

一、完善税收优惠政策

一是企业所得税减免。对符合条件的医药制造企业给予一定的所得税减免。对新成立的医药制造企业在前几年内(3至5年)实行减半征收企业所得税的政策。对于现有的医药制造企业,若其年度研发投入达到一定比例或取得重大科研成果,也可享受所得税减免政策。

二是研发费用加计扣除。继续实施并细化研发费用加计扣除政策,鼓励企业增加研发投入。将研发费用加计扣除的比例提高,并简化相关的申报和审批流程。对于具有重大科研项目的企业,实行专项的研发费用补贴政策。

三是固定资产加速折旧。允许医药制造企业在短期内加速折旧固定资产,减少当期应纳税所得额。将固定资产的折旧年限缩短至5年或更短,并允许企业根据实际需要选择加速折旧的方法。

四是增值税留抵退税。扩大先进制造业增值税期末留抵退税范围,对符合条件的医药制造企业实行增值税留抵退税政策,允许其在期末将未抵扣的进项税额申请退税。

二、强化研发创新激励机制

一是设立专项基金。政府可以设立专项基金,支持重大医药科技项目和产业化项目。重点资助那些涉及重大卫生安全的医药研发和工业投资项目,如疫苗研发、抗生素开发、新型治疗方法等,以增强医药行业的创新能力和抗风险能力。

二是风险分散机制。推广面向生物医药企业的新药临床试验责任保险,有效分散和化解新药临床试验研发的高风险。政府可以提供保费补贴,鼓励企业投保,降低企业在新药研发过程中的财务风险,促进更多企业参与高风险高收益的新药研发项目。

三是资本市场支持。支持符合条件的创新型医药生产企业上市融资、发行债券、并购重组等,增强其资本实力和市场竞争力。简化审批流程,为企业提供绿色通道,并通过政策扶持、资金补贴等方式,降低企业融资成本,促进资本市场与医药创新的深度融合。

四是完善激励机制。对化学结构清晰、符合税则归类规则、满足监管要求的原料药，研究实施较低的暂定税率，减轻企业税负。同时，健全研制、使用单位在医药产品创新、增值服务和示范应用等环节的激励机制。提供政策支持和资金奖励，鼓励企业在新药开发、产品改良、市场推广等方面进行创新，提升行业整体技术水平和市场竞争力。

三、优化产业链布局与资源配置

一是推动产业融通发展。中央医药企业应积极实施产业链融通发展共链行动，联合上下游企业和相关行业，打造一批高质量的医药先进制造业集群。通过建立协同创新平台、共享技术研发成果、推动标准化生产等方式，提升产业链的整体协同效应和竞争力，共同向产业链、价值链的中高端迈进。

二是延伸产业链条。在做优做强生物制药的基础上，积极延伸产业链条，加快构建以药品生产、医疗器械为主的新医药产业。鼓励企业在研发新药的同时，涉足医疗器械的生产和创新，形成药械一体化的发展格局。此外，拓展大健康管理服务产业，涵盖健康监测、健康咨询、康复护理等方面，打造全方位、多层次的医药健康产业链。

三是区域协调发展。针对不同地区医药制造业的发展现状，制定差异化的税收优惠政策。例如，对发达地区的大型医药制造业给予更多的政策倾斜，如研发资金补贴、高端人才引进补贴等，支持其进行技术创新和国际市场开拓。同时，关注欠发达地区中小型企业的发展，提供适当的税收减免、融资支持和技术援助，帮助其提升生产能力和市场竞争力，促进区域间医药制造业的协调发展。

四、加强税务合规管理

一是健全税务管理体系。建立和完善医药行业的税务管理体系，确保税收政策的有效落实。通过大数据分析和智能化技术手段，对医药制造企业的税务数据进行实时监控和分析，客观评估税费优惠政策的适用情况，实现"政策找人"，确保政策红利能够精准惠及合规企业。同时，定期开展税收政策培训和宣讲，提高企业对税收政策的理解和执行能力。

二是强化稽查力度。加大对医药经销行业的稽查力度，特别是针对容易发生税收违法行为的关键环节，如药品回扣、虚开发票等问题，实施重点监控和专项稽查。通过建立健全的稽查制度和机制，及时发现和纠正违法行为，堵漏于最后关口，防止回扣盛行等侵蚀税基的行为，确保税收收入的稳定和增长。

三是提升纳税遵从度。针对医药制造业生产经营的特殊性和工艺复杂性，优化纳税评估指标体系，制定符合行业特点的纳税评估标准。通过定期发布行业纳税指南、开展纳税评估培训等方式，提高医药制造企业的税收遵从度。鼓励企业建立健全内部税务管理制度，规范纳税行为，提升行业整体的税收遵从水平。

四是提升服务效能。税务部门应通过多种举措提升纳税服务效能，助力医药制造业实现高质量发展。例如，开展"一把手走流程"活动，让税务部门领导深入企业了解实际问题，及时解决纳税难题；实行"首席联络员"制度，为每个重点医药企业配备专门的税务联络员，提供"一对一"税务服务；建立"税企直联"机制，通过线上平台实现税务部门与企业的直接沟通和协作，提高服务效率和质量。税务部门还应通过定期组织税企座谈会、举办政策宣讲会等形式，增进税企互动，及时回应企业关切，不断优化税务服务环境。

五、加强国际合作与市场拓展

一是推动国际合作。鼓励湖南省医药制造企业与国际先进医药企业、高校和科研机构合作，进行联合研发和技术交流，提升自主创新能力和技术水平。通过国际合作，引进先进的生产技术和管理经验，提高企业的国际竞争力。鼓励本地企业积极参与国际技术合作项目，借鉴国外先进经验，提升技术水平和创新能力，形成以国际先进技术为基础的创新体系。政府可以设立专项基金，支持企业开展国际合作，帮助其引进国外先进技术和管理经验，提升企业的技术水平和国际竞争力。

二是开拓国际市场。支持企业积极开拓国际市场，参与国际医药产品认证和注册，增强产品的国际市场准入能力。政府可以提供政策支持和资金补贴，帮助企业参加国际展会、进行市场推广，提升湖南省医药制造业在全球市场的影响力和占有率。政府还应帮助企业了解国际市场需求，制定市场开拓战略，特别是在新兴市场国家和地区，寻找合作机会，扩大市场份额。为企业提供国际市场的政策、法规和标准等信息支持，帮助企业顺利通过国际认证，提高产品在国际市场上的竞争力。

三是加强国际知识产权保护。政府应积极帮助企业在国际市场上进行知识产权保护，防止专利技术被侵权。提供法律援助和咨询服务，帮助企业应对国际知识产权纠纷，保障企业的合法权益。政府应推动建立国际知识产权保护合作机制，加强与国际知识产权机构的合作，提供全球范围的知识产权保护支持。同时，鼓励企业建立完善的知识产权管理体系，加强自主知识产权的开发和保护，提高企业的创新能力和市场竞争力。

六、促进数字化转型与智能制造

一是推动数字化转型。鼓励医药制造企业加快数字化转型，通过信息技术提升生产效率和管理水平。政府可以提供技术支持和资金补贴，帮助企业建立数字化管理系统，推动智能制造的发展。鼓励企业采用数字化技术进行生产流程再造，提高生产效率，降低生产成本。通过数字化转型，提升企业的市场响应速度和竞争力，推动医药制造业的高质量发展。

二是加强智能制造。支持企业采用先进的智能制造技术，提高生产自动化和智能化水平。通过智能制造，实现生产过程的优化和质量控制的提升，增强企业的竞争力。政府可以通过设立智能制造示范项目，鼓励企业引进和应用智能制造技术，提升生产效率和产品质量。推动智能制造技术的普及应用，促进医药制造业向高端化、智能化方向发展。

三是推动数据共享与协同创新。建立医药制造行业的数字化平台，促进数据共享和协同创新。通过大数据分析和人工智能技术，提升行业的整体创新能力和市场响应速度。鼓励企业、科研机构和高校之间的数据共享和协同创新，形成创新生态系统。通过数据共享和协同创新，提升医药制造业整体竞争力和可持续发展能力。

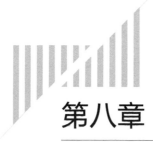

第八章

基于税收视角的湖南
机械制造业发展研究

第一节 湖南机械制造业发展状况

机械制造业是湖南省制造业的一张闪亮"名片"。"2021 年全球工程机械制造商前 50 名"榜单中，11 家上榜中国企业中有 4 家来自湖南，分别为三一重工、中联重科、山河智能和铁建重工。湖南民营机械制造业以三一重工和中联重科为首，这两家企业是中国工程机械行业的领军企业，且均为湖南本土民营企业。三一重工的挖掘机销量连续多年位居全球第一，中联重科在混凝土机械、塔式起重机等领域具有全球领先优势，充分展示了湖南民营机械制造业在全球的竞争力。

一、湖南省机械制造业发展的基本特点

（一）差异化发展稳步推进，产业链融合发展顺畅

增值税销售发票数据显示，湖南省主要机械制造企业已告别过去产品同质化竞争的局面，实现了主要产品差异化生产。2020 年，中联重科以生产销售大型塔式起重机为主，主营业务收入占 44％以上；三一汽车制造以混凝土机械为主，主营业务收入占 46％以上；三一汽车起重机械以汽车起重机为主，主营业务收入占 83％以上；铁建重工以盾构机为主，主营业务收入占 67％以上；山河智能以旋挖钻机、静力压桩机、小型挖掘机为主，合计占主营业务收入的 82％；铁建重工则持续深耕盾构机领域，保持专精发展。另外，2020 年相关企业提供的融资租赁等工程机械产业链金融服务收入占总收入比重增加 2.3％，产业链资金结构不断优化。

（二）创新投入高速增长，智能制造硕果累累

纳税申报数据显示，2020 年，三一重工、中联重科和山河智能研发投入分别高达 62.59 亿元、33.00 亿元和 3.21 亿元，同比增长 33.20％、120.67％和

45.22％；3家公司研发人数分别是5346人、5992人和702人，同比增长69％、36.49％和33.2％。各大工程器械制造企业创新投入高速增长，智能制造硕果累累。三一重工推动电动化、智能制造和数字化，2020年下线电动化产品10款，大力建设"灯塔工厂"，提高公司全流程效率；中联重科截至2023年6月底已累计申请专利近15000件，其中发明专利占比近50％，公司专利数量、同族度、专利度、独权度等9个指标行业领先，累计授权发明专利有效数在机械行业排名第一；山河智能以产学研一体化推动创新成果转化为现实生产力，工程机械数字样机及孪生技术被列入2021年湖南省"十大技术攻关项目"。

三一重工2020年开始对老厂房进行智能化改造，2021年4月，三一重工"5G＋工业互联网的汽车起重机工厂应用场景"项目入选第一批湖南省"5G＋工业互联网"示范工厂。中联重科2020年再次入选"中国企业专利实力500强"榜单，综合得分行业第一，公司近年来全面推进智能制造，现已建成6个国家级智能制造示范工厂，正式启动中联智慧产业城。山河智能在减振降噪、耦合式节能技术、5G技术等一批前瞻性技术研究上取得突破，节能技术上榜2020年度"科创中国"装备制造领域先导技术榜单；开发了国内首台5G智能遥控旋挖钻机，引领行业发展；无人智能、工业互联网、远程遥控等新技术应用以及特种应急装备硕果累累，截至目前，获得了近两千个专利授权。铁建重工确保研发费用占营业收入比重始终在5％以上，研发设计人员占员工总数比重始终在20％以上，凭借庞大的资金和人才力量，创造了平均每周研发出2项新成果的业界奇迹，近几年在智能制造项目的研发投入约2亿元，公司针对盾构机行业客户个性化定制、离散化制造、服务延伸拓展等需求及特点，打破信息孤岛，形成数据互联互通企业级信息化管理系统的协同集成，攻克国内重工行业离散型制造自动化瓶颈，构建盾构机制造全生命周期智能制造新模式。

(三)产业集群本地化初具规模，协同发展逐步推进

湖南省机械制造主机企业的持续发展逐渐形成了本地"专属"配套供应链。

围绕主机企业，省内聚集了一大批设计、研发、制造、检测以及后市场服务等中小型配套与服务企业，本地配套和协作水平稳步提升，工程机械集群效应随之同频共振。根据发票数据和调研情况显示，目前三一汽车、中联重科、山河智能、铁建重工的采购库供应商省内户数占比平均 35％，长株潭自主创新示范区内户数占比平均 29％，说明头部企业本地产业链集群发展已有成果。2019 年 7 月，由三一集团、中联重科、铁建重工、山河智能等 6 家单位发起成立了长沙市工程机械协会；2021 年协会成功推动 7 大主机企业签订"开展主配协同供应链管理升级活动项目合作意向书"，共同助力打造世界级工程机械产业集群。2021 年十大项目集中签约长沙经开区汨罗飞地园，作为湖南省首个工程机械配套产业园，为三一集团、山河智能等长沙经开区及周边企业提供服务和产品配套。目前，湖南省的工程机械制造总部企业均集聚在长株潭创新示范区，形成了具备全球影响力的产业集群，是湖南省打造先进制造业高地的重要支撑。

二、湖南省机械制造业发展潜力及税收分析

湖南省机械制造业在历经长达 5 年的深度调整后，逐步筑底回暖、企稳回升。从税收增速和税收贡献来看，该行业市场份额有不断扩大的趋势。首先，从税收增速看，2018 年至 2020 年该行业年均增速保持 25.54％，排名全国第五，在税收规模 10 亿元以上省份中排名第 1。年均增速较全国平均增速快20.58 个百分点，较规模第 1 的江苏快 22 个百分点，较规模第 3 的山东快19.47 个百分点。特别是 2020 年，湖南省机械制造业依靠良好的疫情防控带来的复工复产优势，税收收入较 2019 年增长了 34.87％，居全国第 2 位，在行业税收规模前 5 的省份中一枝独秀。其次，从税收贡献看，2020 年湖南省该行业税收占全省税收总量的 1.18％，占制造业税收总量的 3.39％，均位居全国首位，分别高于全国平均水平(0.21％、0.69％)0.97 和 2.7 个百分点。

（一）机械制造业税收激励效应显著

大规模减税降费政策的"放水养鱼"效应显著。自 2018 年以来，我国持续加大减税降费力度，涉及增值税、企业所得税、个人所得税、社会保险费等多个税费种类，为湖南省机械制造行业的发展注入了新动力。这在行业税收变化规律中得以体现。从税收总量看，湖南省机械制造业 2020 年全年入库税收 49.84 亿元，占该行业全国税收收入总额的 13.98％，在各省区市税收收入排名中位列第 2，仅次于江苏省。且湖南省机械制造业的税收收入已在 2018 年超过了山东。

（二）调结构的税收优惠政策使得产业集聚度增加

得益于提高小微企业增值税免征额并减计其应纳税所得额、进一步提高企业研究开发费用税前加计扣除比例等税收优惠政策，湖南省机械制造业登记户数连年增加。湖南省机械制造业产业新增投资主要涉及高空作业平台、小型挖掘机、消防机械等多个新兴细分行业，发展势头良好。截至 2020 年底，长株潭地区有 444 家机械制造企业，占全省机械制造企业总数超六成，入库税收 38.72 亿元，占全省行业税收的 77.68％（图 8-1），产业集群聚集度较高。

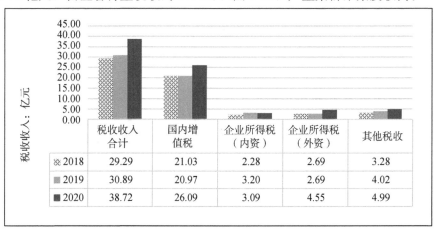

图 8-1　2018—2020 年湖南省长株潭地区机械制造业税收收入

第二节　湖南机械制造业发展存在的问题

一、行业周期性带来的增速放缓

当前，我国机械制造业面临多重周期因素影响，出现见顶回落走势，主要表现为房地产及其他固定资产投资回落、工程设备替代周期见顶、大宗材料景气下行，三者叠加造成机械制造业下游需求看淡、原料成本看涨、行业增速放缓。代表产品中的挖掘机，属于耐用设备，新老设备替代周期一般是 5 年左右。自 2017 年替代周期启动以来，已经过去 5 年以上的时间，国内新老设备替代已经完成，国内挖掘机需求已经进入周期性淡季。根据中国工程机械工业协会行业统计数据，2021 年 1 月份至 6 月份纳入统计的 26 家主机制造企业，共计销售各类挖掘机械产品 22.38 万台，同比增长 31.3％；但 6 月份上述 26 家企业共计销售各类挖掘机械产品 23100 台，同比下降 6.2％，其中，国内市场销量 16965 台，同比下降 21.9％。为对冲行业周期性影响，机械制造企业采取发展多元业务、开发新能源新产品、大力出口海外等策略，但因行业关联性强、下游用户对价格敏感性高等因素未见明显成效。

二、集群优势有待更好发挥

增值税发票数据显示，湖南省机械制造核心企业绝大多数零部件采购供应链仍然相对独立，不利于引进成规模的供应商从而进一步提高产业聚集度。以省内营业收入前五名的机械制造企业为例，2020 年共接受增值税专用发票金额 562.5 亿元，其中超 100 万元的供应商共 1643 家，占供货总额的 95％以上，但仅 75 家同时向两个不同品牌产品生产企业供货，占总金额的 8.7％左右。

特别是三一重工和中联重科两家企业，除了液压器、少量钢材和五金件同时从同一家供应商采购外，生产同类产品所需的其他零部件采购各成体系。

三、大宗商品涨价的成本压力无法完全转嫁

从 2020 年 12 月份开始，机械制造的主要原材料钢板、型材价格一路上涨。增值税发票数据显示，机械制造企业购进的普板从 2020 年 12 月份约 4400 元/吨涨到 2021 年 4 月份的 6800 元/吨，后又稳定至约 5600 元/吨左右，原材料总体上涨 30%，导致主机采购的所有零部件采购成本均涨价 5%～20% 不等，由于主机销售价格没有上调，给主机生产带来相当大的压力。三一汽车的泵车钢材单机成本占比从 6.67% 上升到 7.01%，铁建重工盾构机钢材占单机总成本约 35%，成本对价格影响显著；山河智能主机零部件采购成本涨价 5%～20% 不等，销售价格暂未上调；中联重科产业链下游整机市场需求出现疲软，整机价格难以上涨，企业利润进一步压缩。另外，主机厂的配套企业也受到较大影响，特别是铆焊结构件供应商，材料价格波动比较大时，与主机厂签的合同不能及时同步，导致原材料涨价时不敢采购，签好合同后材料价格又已上涨。目前企业主要采用价格联动、成本风险共担的方式和以新材料代替钢材的方式来解决钢材价格上涨带来的成本上升影响。短期来看成本压力虽能得到一定缓解，但无形中会损失一部分潜在客户，影响市场占有率；从长期来看，由于市场上中小主机厂商议价能力偏弱，资金、技术竞争能力不强，抗风险能力低，本轮原材料涨价可能推动行业集中度进一步提升，头部企业的优势将更加明显。

四、核心部件外部依赖性依然较强

目前湖南省工程机械制造业高端关键核心零部件主要依赖进口，价格高、周期长且供货不稳定，成为制约中高端产品发展的瓶颈。客户对部分核心零部

件的可靠性和品牌印象仍有依赖性，若企业贸然更换将会存在失销风险。例如三一混凝土泵车，零部件涉及 1122 个，其中进口件 1 个，按成本金额计算进口部件成本占比达 45.38%。再如目前面临的芯片荒，工程机械制造业主要涉及 28 nm 和 40 nm 芯片，2020 年以来，世界各地的芯片产能逐渐滞后于市场需求，"缺芯问题"日益严重。

第三节　湖南机械制造业面临的挑战、机遇及对策

一、面临的挑战

（一）全球竞争加剧

随着全球机械制造业的技术进步和市场竞争的加剧，湖南的机械制造企业面临着来自发达国家以及新兴市场国家的双重压力。以出口为例，2023 年湖南省机械制造业出口增速放缓，仅为 5%，低于前几年的平均水平 7.5%。这要求湖南企业必须持续进行技术创新和质量提升，才能在全球市场上保持竞争力。

（二）环保压力增大

机械制造业的生产过程往往伴随着较大的能源消耗和污染排放，随着环保法规的日益严格，企业面临如何在提高生产效率的同时减少环境影响的挑战。2023 年，湖南省机械制造业的单位产品能耗较上年降低了 3%，但仍有进一步下降的空间。同时，环保合规成本的上升使得部分中小企业的利润率受到压缩。

（三）劳动力成本上升

随着中国经济的发展和劳动力市场的变化，机械制造业的劳动力成本逐年

上升。数据显示，2023 年湖南省机械制造业的平均工资水平同比上涨了 8％，企业的用工成本压力显著增加。企业需要通过自动化、智能化生产线的建设，来降低人力成本，提高生产效率。此外，还需加强对高端技术人才的培养和引进，以应对技术升级的需求。

（四）技术人才短缺

虽然湖南在技术教育和人才培养方面投入巨大，但机械制造业的快速发展对高端技术人才的需求远超供给。2023 年，湖南省机械制造业高端技术人才缺口达到 5000 人，同比增加 10％。尤其是在智能制造和绿色制造领域，技术人才的短缺已成为制约企业发展的瓶颈。因此，如何吸引和留住高端技术人才，成为湖南机械制造业亟待解决的问题。

二、存在的机遇

（一）智能制造的推进

智能制造是机械制造业未来的发展方向。湖南机械制造业应加大对物联网、人工智能、大数据等前沿技术的应用，打造智能化生产线，提高生产效率和产品质量。预计到 2025 年，湖南省智能制造装备的市场规模将突破 1000 亿元，占机械制造业总产值的比重将从之前的 20％提升至 30％。

（二）绿色制造的推广

绿色制造是机械制造业可持续发展的重要路径。湖南应大力推广环保技术和绿色制造工艺，减少生产过程中的能源消耗和污染排放。预计到 2025 年，湖南省机械制造业的单位产品能耗将进一步降低 10％，绿色制造产品的市场占有率将达到 40％。

（三）国际化战略的深化

随着全球市场的竞争加剧，湖南机械制造企业应进一步深化国际化战略，积极开拓海外市场。通过并购、合资、合作等方式，提升企业的国际竞争力和品牌影响力。此外，还应参与全球产业链的构建，融入国际标准和规则，提高产品的全球市场份额。预计到 2025 年，湖南省机械制造业的出口额将达到 200 亿美元，年均增长率有望提升至 8%。

（四）产学研结合的强化

产学研结合是提升技术创新能力的重要途径。湖南应加强与国内外高校和科研机构的合作，推动科技成果的转化和产业化。通过设立创新平台和技术联盟，促进企业与科研院所的深度合作，提升行业整体的技术创新水平。

三、湖南机械制造业的发展对策

（一）推进智能制造

智能制造是未来机械制造业的核心发展方向。湖南应加快推动机械制造企业的数字化转型，促进物联网、人工智能、大数据等前沿技术的应用。鼓励龙头企业率先进行智能化改造，建设智能工厂或智能生产线，形成示范效应，带动整个行业的智能制造升级。通过技术培训、研讨会等方式，向中小企业推广智能制造技术，提高行业整体智能制造水平。

（二）加强绿色制造

绿色制造是可持续发展的关键，湖南机械制造业应注重环保技术的应用，减少能源消耗和污染排放。支持企业引入和研发低能耗、低排放的生产技术，逐步淘汰高能耗、高污染的生产工艺。推动企业遵循国家和国际绿色制造标准，建立环保认证体系，确保产品符合绿色标准。

（三）深化国际化战略

国际市场的开拓对湖南机械制造业的发展至关重要，特别是在"一带一路"倡议的背景下，企业应积极开拓海外市场。通过海外并购、合资建厂等方式，扩大在海外市场的影响力，特别是在新兴市场国家。鼓励企业参与国际标准的制定，提高产品在国际市场的认可度，增加高附加值产品的出口。

（四）促进产学研结合

技术创新是行业发展的驱动力，湖南应进一步推动产学研结合，提升企业的创新能力。建立机械制造业创新平台，联合高校、科研机构和企业，共同攻关关键技术难题。完善科技成果转化机制，推动科研成果尽快产业化，形成实际生产力。

（五）引进和培养高端人才

技术人才是推动机械制造业转型升级的关键，湖南应加强高端技术人才的培养和引进。出台吸引高端技术人才的政策，提供优厚的待遇和发展平台，吸引国内外优秀人才来湖南工作。通过与高校和职业技术学校的合作，定向培养机械制造业所需的技能型人才，确保人才供给符合行业需求。

（六）完善产业链和供应链

健全的产业链和供应链是机械制造业发展的基础，湖南应进一步优化和完善相关链条。加强产业链上下游企业的协作，推动产业链一体化发展，提升整体竞争力。通过建设本地供应链网络，降低对外部供应链的依赖，增强供应链的抗风险能力。

（七）强化政策支持

政府在引导和支持机械制造业发展中发挥着重要作用，应继续完善相关政策。继续给予机械制造企业技术改造、创新研发、国际化拓展等方面的财政补贴和税收优惠。简化行政审批流程，降低企业运营成本，营造良好的营商环境，吸引更多企业投资湖南。

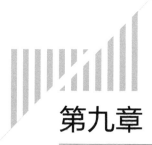

第九章

基于税收视角的湖南工业发展研究

第一节   湖南工业在中部地区的发展形势

一、中部六省工业总量发展比较

2023 年中部六省工业增加值分别为湖南省 14501.18 亿元、安徽省 14231.01 亿元、河南省 17134.20 亿元，湖北省 17150.28 亿元、江西省 11180.70 亿元、山西省 13512.73 亿元，其中湖南省排名第 3，工业发展总量居中等偏上水平；湖南省 2023 年人均工业增加值为 2.21 万元，在中部六省中排名第 5，仅高于河南省，湖南省人力资源利用率相对较低，可能源于周边经济发达地区如广州市和深圳市的人才虹吸效应；湖南省 2023 年工业税收收入为 1796.40 亿元，在中部六省中排名第 5，仅高于江西省；湖南省 2023 年工业税收贡献率 40.82%，在中部六省中排名第 2，仅低于山西省；湖南省 2023 年工业税负率为 12.39%，与湖北省并列第 4，仅高于河南省，该数据表明湖南省整体税负较低且对工业的税收依赖度较高。具体情况见表 9-1。

表 9-1   2023 年中部六省工业发展规模情况

主要指标	湖南	安徽	河南	湖北	江西	山西
工业增加值(亿元)	14501.18	14231.01	17134.20	17150.28	11180.70	13512.73
人均工业增加值(万元/人)	2.21	2.32	1.75	2.94	2.48	3.90
工业税收收入(亿元)	1796.40	2086.11	2050.47	2124.97	1609.64	3064.33
工业税收贡献率	40.82%	40.37%	37.59%	39.01%	39.83%	66.59%
工业税负率	12.39%	14.66%	11.97%	12.39%	14.40%	22.68%

二、中部六省工业经营情况比较

企业经营上，湖南省 2023 年规模以上工业企业资产总额为 38578.5 亿元，在中部六省排名第 5；流动资产为 18387 亿元，在中部六省排名第 6；应收账款净额为 5570.3 亿元，在中部六省排名第 5。

财务指标上，湖南省 2023 年规模以上工业企业利润总额为 2052.1 亿元，在中部六省排名第 4，流动资产占比、应收账款占比和利润总额占比分别为 47.66%、14.44%、5.32%，中部六省排名依次为第 4、第 4、第 2。可以看出，湖南省规模以上工业企业虽然发展总量较低，但盈利能力和资金回流率较高。具体情况见表 9-2。

表 9-2　2023 年中部六省规模以上工业企业经营情况

主要指标	湖南	安徽	河南	湖北	江西	山西
资产总额(亿元)	38578.5	62404.2	55334.1	56380.8	36111.4	60004.6
流动资产(亿元)	18387.0	33319.0	27577.6	25796.0	19501.5	28491.1
应收账款净额(亿元)	5570.3	10768.8	8159.8	7015.1	5676.9	6573.0
利润总额(亿元)	2052.1	2418.4	1764.7	2344.8	2068.0	2823.7
流动资产占比	47.66%	53.39%	49.84%	45.75%	54.00%	47.48%
应收账款占比	14.44%	17.26%	14.75%	12.44%	15.72%	10.95%
利润总额占比	5.32%	3.88%	3.19%	4.16%	5.73%	4.71%

技术研发上，2022 年湖南省规模以上工业企业研究与试验发展（R&D）人员全时当量为 174121 人年，在中部六省排名第 3；R&D 经费为 858.87 亿元，在中部六省排名第 1；技术市场成交额为 2542.89 亿元，在中部六省排名第 3；专利申请数为 43973 件，在中部六省排名第 4。数据显示，湖南省技术研发资金投入量和技术市场成交量均发展较好，工业行业极为重视高质量发展中的技术导向，技术市场焕发出蓬勃生机，但受限于高科技研发人才的缺乏，湖南省

技术成果产出量不太乐观。具体情况见表 9-3。

表 9-3   2022 年中部六省规模以上工业企业技术研发情况

主要指标	湖南	安徽	河南	湖北	江西	山西
R&D 人员全时当量（人年）	174121	180814	175486	168695	101018	40034
R&D 经费（亿元）	858.87	820.65	845.54	793.16	439.69	202.31
技术市场成交额（亿元）	2542.89	2875.45	1020.75	3010.00	733.88	161.43
专利申请数（件）	43973	81620	47069	59771	32595	9827

三、中部六省工业发展趋势比较

2019 年至 2023 年湖南省工业增加值分别为 11995.8 亿元、12401.4 亿元、13959 亿元、13837 亿元、14501.2 亿元，2023 年湖南省工业增加值同比提高 4.8%，相较于 2019 年增加了 2505.4 亿元，年均增长 5.2%，增长速度在中部六省排名第 4；2019 年至 2023 年湖南省工业增加值均在中部六省排名第 3，但与第 2 名湖北省的差距逐渐拉大，与第 4 名安徽省的差距逐渐缩小，湖南省工业发展的相对优势步入下滑通道。见图 9-1。

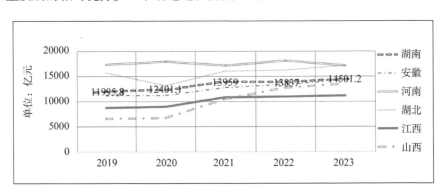

图 9-1   2019—2023 年中部六省工业增加值变化趋势情况

2019 年至 2023 年湖南省规模以上工业企业利润总额占比分别为 7.52%、

7.89％、7.58％、6.22％、5.32％，在中部六省排名分别为第 2、第 2、第 3、第 3、第 2。2023 年湖南省规模以上工业企业利润总额占比相对于 2022 年减少了 0.9 个百分点，相对于 2019 年减少了 2.2 个百分点。2023 年中部六省仅有山西省规模以上工业企业利润总额占比相对 2019 年增加了 1.9 个百分点，湖南省的减少幅度排名第 3；中部六省盈利能力整体呈收敛趋势，2023 年中部六省平均规模以上工业企业利润总额占比为 4.50％，各省工业发展进入存量期，工业盈利能力逐步接近，整体工业发展前景将不可避免地从高速发展转变为竞争更为激烈的高质量发展。具体情况见图 9-2。

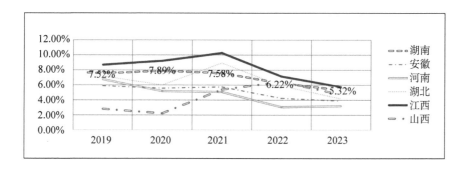

图 9-2　2019—2023 年中部六省规模以上工业企业利润总额占比情况

2019 年至 2022 年湖南省技术市场成交额分别为 490.69 亿元、735.95 亿元、1261.26 亿元、2542.89 亿元，在中部六省排名分别为第 2、第 2、第 3、第 3。2022 年湖南省技术市场成交额相较于 2019 年增加 2052.2 亿元，年均增长 139.41％，增幅在中部六省排名第 2，增长幅度仅比安徽省低 12.57 个百分点。湖南省、湖北省、安徽省技术市场成交额增长较快，三省 2019 年至 2022 年累计增长 6058.2 亿元。河南省、江西省、山西省技术市场成交额增长较慢，三省 2019 年至 2022 年累计增长 1426.04 亿元。具体情况见图 9-3。

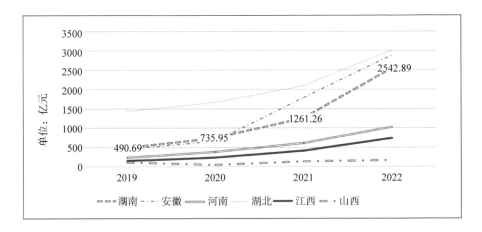

图 9-3　2019—2023 年中部六省技术市场成交额变化情况

第二节　湖南工业发展分布特点

一、行业比较

一是湖南省固定资产投资已走出低谷期。2023 年采矿业，制造业，电力、热力、燃气及水生产和供应业固定资产投资增长率分别为 14.4％、4.5％、33.3％。从图 9-4 可见，三行业于 2020 年至 2021 年间均呈现较低的增长率，湖南省采矿业和制造业在 2023 年增长率较 2022 年有所下滑。

二是几个重点行业增长乏力。2020 年至 2023 年，湖南省装备制造业增加值占工业比重均高于 30％，增长率分别为 8.9％、9.9％、13.7％、10.4％，湖南省计算机、通信和其他电子设备制造业 2020 年至 2023 年利润总额分别为 219.15 亿元、210.34 亿元、207.90 亿元、161.50 亿元。均呈现下滑趋势。

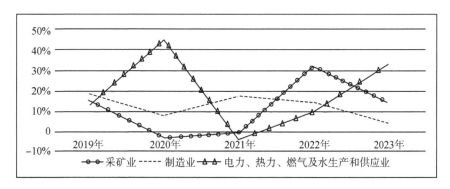

**图 9-4　2019—2023 年湖南省采矿业，制造业，电力、燃气及
水生产和供应业固定资产投资增长率**

二、市州比较

一是大部分市州工业指标呈增长态势。2023 年，湖南省规模以上工业增加值较上年增长 5.1%，7 个市州高于平均值，6 个市州低于平均值（含湘西无数据），增长速度最快的为衡阳市（7.2%），最慢为张家界市（1.3%）。14 个市州中，除郴州和湘西无数据，仅岳阳市（—7.8%）、张家界市（—21.2%）工业投资增长率下滑。但值得注意的是，长沙市工业投资增长率偏低，为 1.7%，仅优于两个负增长市州，且长沙市制造业固定资产投资增长率呈负数（—0.1%）。具体情况见表 9-4。

表 9-4　2023 年湖南省各市州工业增长率

市州	规模以上工业增加值增长率	工业投资增长率
长沙市	6.8%	1.7%
株洲市	7.1%	11.6%
湘潭市	5.9%	16.0%
衡阳市	7.2%	4.2%
邵阳市	6.4%	12.5%
岳阳市	5.0%	—7.8%

续表

市州	规模以上工业增加值增长率	工业投资增长率
常德市	2.0%	7.3%
张家界市	1.3%	−21.2%
益阳市	3.3%	17.3%
郴州市	7.1%	—
永州市	2.5%	22.3%
怀化市	4.8%	39.9%
娄底市	5.8%	2.2%
湘西土家族苗族自治州	—	—

二是长株潭地区占据主导地位，发展势头较好。2023 年湖南省规模以上工业企业利润总额为 2052.1 亿元，增长率为 4.8%，长株潭地区工业企业利润总额为 968.69 亿元，占 47.2%，增长率分别为 6.4%、8.9%、14.7%，分别比平均增长率高 1.6、4.1、9.9 个百分点。

三、区域比较

重点区域增长势头较好，2023 年湖南省长株潭板块、湘南板块、大湘西板块、洞庭湖板块规模以上工业增加值增长率分别为 7.1%、7.1%、5.7%、4.4%，除洞庭湖板块外，均高于全省平均水平(5.1%)。可见，区域联动性强、资源要素间流动较为充分地区，其产业发展势头更好。

第三节　湖南工业发展存在的问题

一、高端人才紧缺，岗位需求薄弱

湖南工业在高质量发展中面临着高端人才不足、高端技术供给弱等问题。2022 年中部六省工业城镇单位就业人员分别为湖南省 122.4 万人、安徽省 163.0 万人、河南省 226.0 万人、湖北省 150.2 万人、江西省 112.4 万人、山西省 159.9 万人，湖南省仅排第 5 名；湖南省 2022 年工业城镇单位就业人员平均工资为 89242.65 元，在中部六省排第 4 名，与第 1 名山西省的 101774.86 元差距为 12532.21 元。较弱的岗位需求和较低的工资待遇，使得湖南省对高端人才的吸引力不足，高技术人才趋向到更发达地区就业。人才的缺乏和高成本，导致湖南省传统和低利润工业领域缺少关键人才，企业转型困难重重。

二、研发经费投入不足，实用创新难

2022 年湖南省实用新型专利申请授权量为 54686 项，在中部六省中排名第 4，与第 1 名湖北省 117765 项差 63079 项；在全国排名第 16，占全国实用新型专利申请授权量的 1.96%，与全国平均授权量 90024 项差 35338 项。湖南省实用新型专利申请授权量虽稳步上升，但与全国平均水平还略有差距，仍有极大的发展空间。湖南省的技术市场成交额在 2019 年至 2022 年一直处于 2.2%~5.6%，相比于国内先进水平也存在差距，制约了制造业的技术创新与高质量发展。目前湖南省关键领域的外部依赖较为严重，产品的研发对外依存度较高，企业外部技术购买的成本较高，公共研发领域目前的政府投入还有待提升。多个国家重点实验室、工程技术研究中心承担着众多工程技术领域的基础研发工作，但是，研发项目没有公共资源的固定投入，急需得到公共研发投入的专项补助。企业自主创新能力总体上不强，全省制造业重点领域在关键核心技术、核心基础零部件等方面依然存在不少短板，传统产业数字化、网络化、智能化改造任务繁重，工业新兴优势产业链体量还不大，制造业良性发展生态亟须完善。

三、省内地区工业发展水平失衡

长株潭地区工业增长情况较好，但省内仍有部分地区发展情况不佳。区位劣势是目前制约长株潭以外地区工业高质量发展的短板，企业来湘投资、人才流动、技术研发等资源，都因市场对省会的发展预期较好，导致大多集中于长沙市，全省资源分布呈现"马太效应"。国企尤其是央企因其行政特征，其资源向省会倾斜，也导致除长沙市外的各市州在资源分配上呈劣势。省内三所985高校、一所211高校均位于长沙市，大部分高学历人才在就业选择上优先考虑长沙，导致部分市州极其缺乏人才，尤其是以技术为核心驱动力的高技术产品制造业人才缺口较大，部分地区常住人口呈逐年下降态势。

四、统筹规划不足，高技术产能偏移

2023年湖南省高技术含量产品如汽车、手机、微型电子计算机产量分别为44.7万辆、1571.2万台、141.7万台，在中部六省排名分别为第5、第5、第5，湖南省产能主要集中于水泥、平板玻璃和钢材等，工程机械产业生产能力日益扩大，产能总量存在过剩，并且还有企业不断加入这一行业；另外，不管是工业企业还是其他配套行业企业，湖南省工业产品多集中在技术含量不高、市场准入门槛低的中低端产品上，处于产业链的下游水平，重复建设多，造成产品同质化和恶性竞争。在产品需求不足的情况下，企业往往会以提高产品市场占有率为第一选择，而为了达到这一目的，企业会争相采用分期付款、赊销等各种销售方式，这导致货款回笼变慢，加大了财务成本和财务风险，企业可用的流动资金大量减少，影响企业的持续发展。

五、长株潭地区高新技术产业增长乏力

2023 年，湖南省高新技术产业增加值平均增长 8.9％，长沙、株洲、湘潭分别增长 8.3％、6.4％、11.5％，仅湘潭高于平均水平。作为享受了最好人才资源和科研要素的区域，高新技术产业的增长乏力，显示出长沙、株洲在人才储备和科研实力要素上的充分溢出，在边际效应递减的规律下，资源利用效率较低，人才储备和科研实力在落后市州的利用效率将会更高。长沙、株洲高新技术产业的人才储备和科技水平虽高，但转化为产能的效率不如相对落后市州，需要采取有效措施加以改进。

第四节　促进湖南工业高质量发展的建议

一、加快产业升级，扶持工业优质发展

加快老旧产业转型升级及新兴产业培育发展，对重型机械制造业、石化装备制造业、海洋工程装备制造业等重点领域、重点企业实施跟踪式服务。重点挖掘和培育专精特新"小巨人"企业，支持打造新能源产业、高端制造业等优势领域千亿级先进产业集群。建立企情反馈机制和政府部门联动机制，及时收集和解决企业重点关注的土地供给、财政贴息、信贷支持等方面问题。注重产学研一体化融合发展，健全以企业、学院、研究院为核心的职业教育体系和产业研究体系。

二、聚焦民企发展瓶颈，壮大优质潜力税源

提高产业链协作配套能力，发挥好专精特新中小企业在补链、强链、固链

上的带动作用，鼓励中小企业围绕大企业、大项目，采取专业分工、服务外包、订单生产等多种方式，与产业链骨干企业建立长期稳定的合作关系。做大做强民营经济，统筹建立健全重点培育体系，实行梯度推进，对符合条件的企业加快上市步伐，对有后备潜力的企业深度培育。缓解民营经济融资困境，发挥湖南省融资担保集团的作用，深化对民营企业的金融供给，加强对民营企业的扶持和重点产业链的全链条支持，助力民营经济高质量发展。

三、政策技术人才多措并举，做大做强重点产业链

继续加大对重点产业链的培育力度。综合运用财政补贴、贴息、转移支付等方法，鼓励企业加大研发费用投入，围绕产业链部署创新链，围绕创新链布局产业链。梳理新兴产业技术优势、技术难关和技术需求等清单，集中本省科研力量重点攻克技术难关，全面构建形成有湖南经济特色的智能产业体系。活用高端科技展会，积极引进人才、创业团队和知名创投机构，打造创新高地，实现"栽下梧桐树，引得凤凰来"。

四、创新人才引导机制，构建人才发展新格局

建立人力资源激励机制，鼓励企事业单位以产业需求为导向，促进产学研深度融合，以人才发展支撑湖南工业高质量发展。依托重大科技创新平台、高水平科研机构、研究型大学和高科技企业等，引导更多行业领军龙头以及跨国企业在湖南设立研究与开发中心，促进高端科技人才引进和使用。加快构建市场化、社会化人才管理服务体系，进一步促进人才链与产业、资本深度融合。

五、产融合作协同攻关，数字赋能转型发展

坚持以智能科技为引领，兼顾生产性服务业集聚，推动数字经济和实体经济深度融合发展，不断完善现代产业体系。持续提升生产性服务业比重，促进

生产性服务业集聚与优势制造业需求相匹配，从产品制造向服务型制造转变。借鉴先进城市发展经验，改变现有制造业"小而全"的结构特点，以更高附加值的物质载体匹配科技服务业的中间需求。提高资源配置效率，完善企业物流运输以及进销转换能力，用信息技术为市场主体解决成本高、融资难以及客户群体少等问题，提高产业整体盈利水平和创税能力。

六、涵养发展沃土，提振企业发展信心

一是持续优化营商环境。切实落实"两个毫不动摇"，保障民营企业合法权益，稳定企业预期、提振发展信心。

二是开展"一企一策"服务提升行动。由发改委、国资委、地方金融局、税务局等多部门开展联合行动，精准对接企业需求，推动湖南省工业高质量发展。

三是加强供需对接促进。引入战略投资者实现服务型制造提升，以产品需求为导向，建立市场供需服务平台，推进购销、供需链条对接，为产品销售和研发提供信息支持。

七、坚持全省一盘棋的格局，深化各市州产业协作

各市州因经济发展水平、技术创新能力、物质资源等资源禀赋各有优劣，因此建议湖南省委、省政府梳理各市州、各区域的资源禀赋与产业优势，制定差异化的工业发展政策和规划。先鼓励邻近市州率先深化产业链合作，形成紧密合作关系，加强上下游产业的配套衔接，提高产业链整体竞争力。提升铁路、公路、水路、航空等多种交通运输方式的互联互通水平，通过降低物流成本促进工业产品流通效率提升。从长沙、株洲地区高新技术产业增加值增长率不高可见，应鼓励各市州加强科技创新合作，建立区域创新体系，共享科技创新资源，推动制造业技术创新和产业升级。降低市场准入门槛，持续不断优化

营商服务，营造公平竞争环境，促进要素在省内自由流动，避免地域壁垒，培育并发挥产业空间溢出效应，发挥制造业发达市州如长株潭地区的引领和示范作用。

八、锚定"三高四新"战略，提升先进制造业集聚水平

合理利用先进制造业集聚所带来的知识和信息共享和流动，实现外部经济效应，推动地区低附加值、高耗能的传统制造业转型升级，让先进制造业集聚对经济高质量发展带来的积极效果更加显著。一方面，要加强不同市州间产业协作。由省政府牵头，鼓励地方政府间打破地域限制，缩小不同地区间先进制造业集聚水平差异，加强区域一体化发展，有效推动资源要素在各区域内自由流动和合理配置。持续促进湘南、湘西地区产业转型升级，合理调整长株潭地区产业结构层次，将一部分落后产能转移至落后地区。另一方面，促进不同产业间的集聚协同发展，协同集聚是产业发展的趋势之一，应该积极引导工业与其他行业协同发展，通过协同集聚实现资源优化配置，发挥协同集聚效应，以其他行业推动工业持续发展。

第十章

基于税收视角的湖南建筑业发展研究

第一节 湖南建筑业在中部地区的发展形势

一、湖南建筑业总产值居中部六省第三，以房屋建筑业为主

从总产值来看，2019 年至 2023 年，中部六省建筑业总产值快速增长，其中增长最快的是安徽，增长 46.6%，湖南居第 2 位，增长 40.5%，比平均增幅高了 7.6 个百分点。2019 年至 2023 年，湖南建筑业总产值居中部六省第 3 位，仅次于湖北省和河南省，但比第 1 位的湖北省低 30.7%，比平均值高 10.9%。湖南总产值占中部六省总产值的平均比重为 18.5%，其中 2023 年最高，占比 19.6%；2019 年最低，占比 17.5%。

从行业分布来看，湖南建筑业以房屋建筑业为主，土木工程建筑业、建筑安装业、建筑装饰和其他建筑业比重相对较低。2019 年至 2023 年，湖南建筑业总产值中房屋建筑业占 71.2%，在中部六省中占比最高，比最低的山西高出了 23.4 个百分点；土木工程建筑业占 22.9%、建筑装饰和其他建筑业所占比重仅为 1.9%，均为中部六省中最低，特别是建筑装饰和其他建筑业，最高的河南省高出湖南 7.4 个百分点；湖南建筑安装业比重也比较低，占比为 4.0%，排名中部六省第 5，仅比最后一名的湖北高 0.4 个百分点。

二、湖南建筑业增加值均居中部六省第三，经济贡献稳定

从增加值来看，2019 年至 2023 年，中部六省建筑业增加值呈现平稳增长，其中增长最快的是安徽，增长 28.1%，湖南居第 4 位，增长 25.2%，比平均增幅高了 2.8 个百分点。2019 年至 2023 年，湖南建筑业增加值位居中部六省第 3，仅次于河南省和安徽省，比居第 1 位的河南省低 29.6%，比平均值高 13.5%，值得一提的是与第 1 位之间的差距近 5 年逐年缩小，从 2019 年的

35.2％缩小到了 2023 年的 22.8％，追赶效应明显。湖南增加值占 2018 年至 2023 年中部六省增加值的平均比重为 18.9％，其中 2023 年最高，占比 19.2％，2019 年最低，占比 18.5％。

从 GDP 贡献度来看，2019 年至 2023 年，中部六省建筑业增加值在全省 GDP 中占比情况稳定，每年的增减幅度都在 1％以内，湖南近五年平均占比位居第 3，同样次于安徽省和河南省，比居第 1 位的安徽省低 1.9％，与六省平均值基本持平。

三、建筑业利税总额居中部六省第三，税收贡献度靠前

从利税总额来看，2019 年至 2022 年，中部六省建筑业利税总额增速分化极其明显，其中增长最快的是山西，增长 41.4％，而最后一名的河南则下降 45.6％，湖南居第 4 位，增长 0.3％，与六省平均增幅基本持平。2019 年至 2022 年，湖南省建筑业利税总额居中部六省第 3 位，比六省平均值高 9.4％，仅次于湖北省和河南省，比湖北低 37.1％、比河南低 19.5％，差距主要在于利润总额。湖南 2019 年至 2022 年利税总额比湖北少 1712.4 亿元、比河南少 704.5 亿元，利润总额比湖北少 1210.3 亿元，比河南少 604.4 亿元，即近 80％的差距是由利润总额差距引起的。

从税收收入来看，2019 年至 2022 年，中部六省建筑业税收呈现下降趋势，总体下跌 9.7％，除山西增长 38.6％、安徽增长 24.2％外，其他各省均出现不同程度的下跌，最严重的是河南，下降 41.9％，湖南居第 4 位，下降 5.8％，比六省总体降幅低 3.9 个百分点。2019 年至 2022 年，湖南建筑业税收收入位居中部六省第 3，次于湖北省和安徽省，比居第 1 位的湖北省低 24.6％，比六省平均值高 22.8％。湖南建筑业税收 2019 年至 2022 年占中部六省建筑业税收的平均比重为 20.5％，其中 2021 年最高，占比 21.0％，2019 年最低，占比 19.8％。

从税收贡献度来看，湖南省 2019 年至 2022 年建筑业税收在中部六省税收收入中所占比重位居第 2，比居第 1 位的湖北省低 1.4 个百分点，比六省平均值高 2.1 个百分点。

四、湖南建筑业资产利税率居中部第一，资产负债率平稳

2019 年至 2022 年，湖南建筑业平均资产利税率为 8.7%，居中部六省第 1 位，比六省平均值高 2.1 个百分点，中部六省建筑业企业资产利税率在 2019 年至 2022 年均有不同程度的下降，下降最明显的是河南省，下降 6.2 个百分点，降幅 58.5%，湖南降幅居第 3 位，下降了 2.8 个百分点，降幅 27.7%。

2019 年至 2022 年，中部六省建筑业资产负债情况基本稳定，负债率逐年增减幅度不大，湖南建筑业平均资产负债率为 66.7%，居中部六省第 4 位，比居第 1 位的山西省低 8.3 个百分点，比中部六省平均值低 2.4 个百分点。

第二节　湖南建筑业发展现状

一、"五大态势"反映湖南省建筑业优中存忧

(一)建筑业规模稳中有进，但增速持续放缓

2023 年湖南省建筑业总产值为 15176.07 亿元，是 2019 年的 1.41 倍，占全国建筑业总产值的比重为 4.8%。2023 年，全省建筑企业个数为 4207 个，比 2019 年多 1221 个。2023 年湖南省建筑业增加值为 4277.1 亿元，占全国建筑业增加值（85691 亿元）的比重为 4.99%，年平均增速为 5.77%，增速自 2022 年起下降明显，2023 年同比增速低于湖南省 GDP 增速 2.71 个百分点。具体情况见图 10-1。

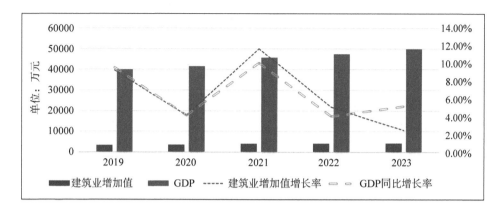

图 10-1　2019—2023 年湖南省 GDP 及建筑业增加值情况

（二）生产经营效益提升，社会贡献减弱

总承包和专业承包建筑企业生产经营效益得到提升。

一是合同签订金额持续增长。2019 年，湖南省建筑企业签订合同金额 21594.85 亿元，同比增长 14.25%，到 2023 年，湖南省建筑企业签订合同额达到了 32050.87 亿元，同比仅增长 2.38%。二是除 2022 年外，企业利润稳步增长。2023 年累计实现利润总额 376 亿元，是 2019 年的 1.18 倍，年均增长 3.72%。但是近年来建筑业纳税贡献逐渐减弱，2023 年税收收入总额为 320.53 亿元，同比下降 13.66%。具体情况见图 10-2。

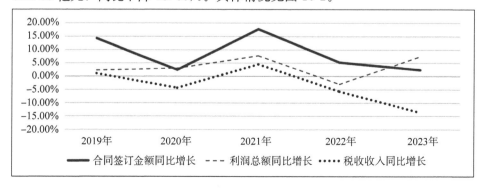

图 10-2　2019—2023 年建筑业合同签订金额、利润总额、税收收入同比增长情况

(三)吸纳从业人数减少，劳动生产率提升

2023 年全省建筑业从业人员为 250.30 万人，较 2019 年减少 9.87 万人，年均下降 2.54%。尽管从业人员总数略有下降，但 2019 年至 2023 年湖南省建筑业的劳动生产率稳步提升。2019 年，建筑业劳动生产率为 36.66 万元/人，2023 年增长至 49.12 万元/人，增长 33.40%。国有及国有控股企业的劳动生产率提升更为显著，2023 年达到 75.48 万元/人，同比增长 6.65%。

(四)施工竣工面积双升，竣工价值提高

2023 年湖南省建筑业房屋建筑施工面积为 75122.29 万平方米，较 2019 年同期增加了 9874.95 万平方米，其中，国有及国有控股建筑企业房屋建筑施工面积 45081.36 万平方米，新开工面积 23378.17 万平方米。2023 年湖南省建筑业房屋建筑竣工面积为 25459.55 万平方米，较 2019 年同期增加了 4417.66 万平方米；房屋建筑竣工价值为 4702.84 亿元，较 2019 年同期增加了 1311.68 亿元；2023 年湖南省住宅竣工面积为 16776.58 万平方米，占湖南省房屋建筑竣工面积的 65.9%。

(五)行业结构调整优化，产业集中度提高

从所有制结构看，国有及国有控股建筑企业在湖南省建筑业中扮演着重要角色。2023 年，全省共有国有及国有控股建筑企业 359 个，比 2019 年增加 75 个；完成建筑业总产值 7028.33 亿元，占全行业总产值的 46.31%，占比较 2019 年增加 7.29 个百分点。从企业资质结构看，特级和一级资质施工总承包和专业承包建筑企业发展较快，产业不断向高资质企业集中。2022 年湖南省建筑业总承包特级资质企业有 20 家，一级资质企业有 438 家，二级资质企业、三级资质企业分别有 838 家、4067 家。其中，建筑工程类企业占比最大，拥有特级资质企业 13 家、一级资质企业 334 家、二级资质企业 605 家、三级资质企业 2736 家。2022 年，特级资质、一级资质建筑业企业完成产值分别为 4476.83 亿元和 5565.04 亿元，合计占全省建筑业企业完成产值的比重为

69.35%。高资质企业规模扩大和产值超亿元企业队伍的不断壮大，使湖南建筑业呈现竞争力增强的良好态势。

二、湖南省建筑业发展特点

(一)"一核两副"贡献 75%以上的行业总产值

2023 年长株潭地区建筑业总产值为 9753.97 亿元，较 2019 年同期增加了 2752.88 亿元，占湖南省建筑业总产值的 70.29%。副中心岳阳和衡阳总产值分别为 792.88 亿元、891.41 亿元，占湖南省建筑业总产值比重分别为 5.71%、6.42%。具体情况见表 10-1。

表 10-1　2019—2023 年湖南省建筑业企业总产值排名前九的市州情况

单位：亿元

建筑业企业总产值	2019 年	2020 年	2021 年	2022 年	2023 年
长沙	5503.65	6059.07	6823.82	7361.47	7637.66
株洲	883.58	971.47	1102.51	1230.40	1224.90
衡阳	613.86	676.09	740.50	815.73	891.41
湘潭	519.88	571.55	648.74	725.91	809.40
岳阳	551.18	606.55	686.20	757.46	792.88
邵阳	521.06	574.70	651.14	726.03	791.40
郴州	419.83	461.99	510.80	568.52	612.90
娄底	412.33	455.66	511.54	559.45	606.32
常德	422.74	465.90	487.24	520.16	509.76

(二)"一核两副"拥有 90%以上承包特级资质

2023 年，湖南省拥有施工总承包特级资质的企业共有 30 家，其中长沙 23 家、岳阳 2 家、邵阳 2 家、株洲 1 家、衡阳 1 家、湘潭市 1 家。湖南省拥有施工总承包特级资质的企业中，工程施工企业有 14 家，公路工程施工企业有 8 家，但是铁路工程、港口与航道工程、电力工程与矿山工程的企业专业性和技术实力相对较弱，暂时还没有特级资质的企业。具体情况见图 10-3 和 10-4。

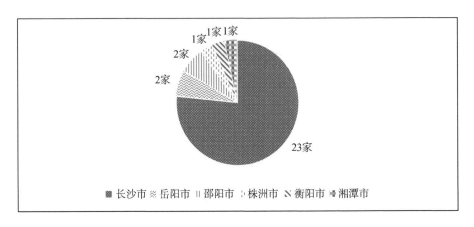

图 10-3　2023 年湖南省各市州拥有施工总承包特级资质企业的情况

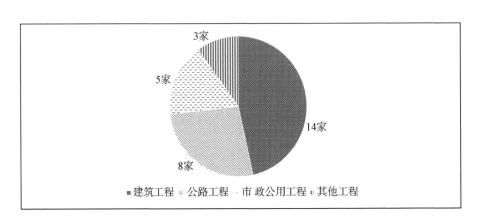

图 10-4　2023 年湖南省各行业拥有施工总承包特级资质企业的情况

（三）建筑工程贡献近 85% 以上的总产值

2023 年，湖南省建筑业总产值为 15176.07 亿元，其中建筑工程产值为 13021.15 亿元，是 2019 年产值的 1.4 倍，占湖南省总产值的 85.8%。安装工

程及其他产值分别为 1387.91 亿元、767.01 亿元，分别占湖南省总产值的
9.15％、5.05％。具体见图 10-5。

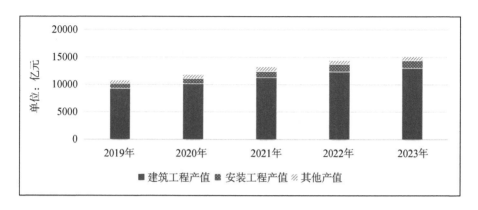

图 10-5　2019—2023 年湖南省建筑工程、安装工程、其他产值情况

第三节　湖南建筑业发展面临的瓶颈

一、规模偏小，做大湖南建筑业形势迫切

2019 年至 2023 年，全省建筑业增加值占 GDP 的比重均在 8％以上，2023
年，全省建筑业增加值占 GDP 的比重为 8.55％，比 2021 年、2022 年分别下
降 0.14 和 0.23 个百分点。从全国排名看，2023 年，湖南建筑业总产值在全
国排名第 9、中部六省第 3。产业规模只占全国的 4.81％，只有建筑业大省江
苏的 1/3。高资质等级的建筑企业偏少，全省特级企业仅有 30 家，在竞争激
烈的建筑市场上，特别是在项目的招投标中处于竞争劣势，许多大项目及基础
设施项目由省外建设单位中标承建。

二、资金偏紧，做活湖南建筑业困难重重

一是企业自我积累能力较差。2019 年至 2023 年，湖南建筑业产值利润率分别为 3.01％、2.82％、2.72％、2.42％、2.48％，均低于全国平均水平，企业处于微利维持状态；2019 年至 2023 年，全省建筑业劳动生产率年均为 43.5 万元/人，在全国排在第 15 位，低于全国平均水平；全省建筑企业产值利润率从 2019 年的 3.01％下降到 2023 年的 2.48％，呈现逐年下降趋势。

二是资产负债率高居不下。2019 年以来，全省建筑业企业的资产负债率一直处于高位运行。2019 年至 2022 年湖南省建筑业企业负债率分别为 64.69％、66.44％、67.12％和 68.70％，呈现逐年走高趋势，建筑施工企业由于自有资金不足而举债经营的现象较为普遍，增大了企业正常经营和融资的风险，增加了财务成本，企业财务负担沉重。

三是资本市场拓展不强，湖南省以建筑施工为主业的 A 股上市企业数量较少，且融资渠道仍以传统信贷为主，增加了企业财务风险。

三、活力偏弱，做好湖南建筑业空间较大

建筑业从业人员的权益保护不够、技能培训不足、劳动关系不规范等问题影响了企业活力。

一是人员素质跟不上产业发展。一方面，建筑市场的快速发展在某种程度上超出了从业人员的管理能力，具有丰富经验的工程管理人员和技术人员的短缺成为较普遍现象。另一方面，一线工人缺少培训也成常态。建筑业企业的人力资源仍然以"粗线条"为主、"快餐型"用人，缺乏人力资本的一体化运作，直接影响着工程质量、劳动安全、工程成本与工期，进而影响企业效益与竞争力。

二是技术装备水平不高。2019 年至 2022 年，全省建筑业技术装备率年均

6446 元/人，只有全国平均水平的 70.88%；动力装备率 4.25 千瓦/人，为全国平均水平的 91.40%。2022 年，全省建筑企业自有施工机械设备台数 3.18 万台，较 2019 年减少 3.11 万台，年均增速为－20.32%，无论设备台数还是功率数，其增速都远远低于产值增速。

三是合同签订额增长乏力。2023 年，湖南省合同签订总额同比增长 2.38%，在中部六省排在第 4 位，在全国排第 17 位。

四、能力偏弱，提升资质水平大有可为

一是工程总承包能力不强。由于认识上的误解或利益上的考虑，加之政策法规不完善，大多数建设项目业主不愿意接受工程总承包，使得国际流行的总承包在湖南并非主流生产方式。

二是专业承包企业缺乏自主创新能力。自身强大的特色品牌优势不够，在各自的专业领域以低成本取胜，以质取胜、以品牌取胜的能力不够。

三是单纯的建筑施工能力出现相对过剩，专业性不强的中小企业正面临着激烈竞争与整合。

四是地区发展能力不均衡。2023 年，长沙市建筑业总产值占全省的 50.33%，特级企业数量占全省 76.67%。当前建筑业正在向高质量发展转型，行业结构调整，创新步伐加快，竞争加剧，对建筑业的管理能力、资质等级、技术条件等要求更高。与江苏、浙江等建筑强省相比，湖南省建筑业企业资质等级普遍低，企业"多、小、弱"问题突出，特级企业集中在建筑工程与公路工程企业，大多数企业缺乏大型工程的承建能力、配套能力，轨道交通、隧道工程等专业缺乏有实力的企业。且建筑业企业行业结构单一，多以房屋建筑为主，2019 年至 2024 年，湖南省房屋工程类建筑业占总产值的比重均在 70% 以上。

五、人才缺乏，做强湖南省建筑业动力不足

近年来，建筑市场用工供求矛盾比较明显，一方面随着建筑业的转型升级，高级工程技术人员的需求缺口进一步加大；另一方面，新生代工人纷纷逃避建筑业，大部分建筑工人年龄都在 40 岁以上。企业在用工上出现了"招不来，用不起，留不住"现象。与其他行业相比，虽然建筑业从业人员中专业技术和管理人员占有一定的比例，但仍然以劳动密集型为主。一线操作人员主要是农民工，且由于建筑业企业大部分没有自己的工人队伍，由劳务公司提供的农民工流动性很大，再加上技术工人的技术等级低下，使得一线操作工人的动手能力减弱，难以保证工程质量的提高。

六、外向度低，外部发展前景广阔

2023 年，湖南省建筑业企业在外省完成产值 4954.75 亿元，同比增长 1％，在中部六省排第 4，只有排名第 1 的湖北省建筑业企业在外产值的 55％。从外省产值同比增速来看，湖南省同比增长 0.9％，在全国排名靠后；从本地区建筑业企业在省外完成产值占本地区建筑业企业完成产值的比重（即外向度）来看，湖南省建筑业外向度超过 30％，处于全国中等水平，外向度同比增速在全国排名第 15 位。

第四节　促进湖南建筑业高质量发展的建议

为加快湖南省传统建筑业转型升级，助力实现"三高四新"美好蓝图，应围绕建筑业高质量发展总体目标，通过新一代信息技术驱动，以工程全寿命期系统化集成设计、精益化生产施工为主要手段，加快建筑业增长方式的转变，促进建筑业实现从粗放低效向集约高效的转变，推进经济平稳健康增长。

一、加快数字化转型，推动创新发展

科技创新是企业提高竞争力的根本途径，湖南省建筑企业要牢牢把握这一核心要义，依靠科技创新来实现企业的可持续发展。建筑业企业数字化转型需要面向工程实际，面向市场需求，利用 BMI、大数据、智能算法等技术，把业务全过程、全要素的数据库创建起来，深度结构化，最终汇集到集团数据中心，帮助企业找到经营管理所有关键相关性，做好预控和预案，为企业各条线提供数据支撑，为企业管理层提供决策依据，实现企业管理水平及核心竞争力的大幅度提升。建筑企业还需要尽快建立科学技术创新体系和管理体制，提高企业自主创新能力，可以通过设立实验室和中试基地，进行具有前瞻性的技术研究，加速在建筑施工技术和工艺、建筑节能、绿色施工等新领域的技术开发与研究。企业尤其要加快开发和推广应用能够促进湖南省建筑业结构升级和可持续发展的共性技术、关键技术、配套技术，全面推动信息技术在建筑业中的应用，建立并完善协同工作模式、流程和技术标准，形成成套技术，改进施工工艺。政府部门可以通过设立科学技术奖来鼓励组织或者个人加强建筑业新技术、新工艺、新设备的研发和推广应用。

二、优化产业结构，推动产业升级

为把湖南省建设成建筑强省，需要落实建筑业精益化、智能化、绿色化、工业化"四化"融合发展，大力推行精益建造、数字建造、绿色建造、装配式建造这四种新型建造方式。建筑企业必须审时度势，在巩固和提高房屋建筑工程总承包优势和能力的同时，努力适应国家投资方向的变化，实行产业结构调整和转型升级，从传统的房屋建筑业向基础设施、社会公共事业转化，逐步形成大土木建设的格局。特级、一级总包企业要不断优化专业结构，建筑施工企业要积极向环保、水利、铁路、机场等高附加值的基础设施领域发展，改变全省施工企业经营比较单一的状况，加快实现由传统建筑业向现代建筑服务业的转变。

三、加强队伍建设，强化宣传推广

政府应该积极拓展建筑业高技能人才职业发展通道，优化职称评价机制，探索将新型建筑工业化相关专业纳入土建工程专业职称评价体系。鼓励企业通过培育自有建筑工人、吸纳高技能技术工人和职业院校毕业生等方式，建立相对稳定的核心技术工人队伍。加强新型建筑工业化工人职业技能培训，增加高技能人才供给，促进建筑农民工向产业工人转型。学校应该深化产教融合、进行校企合作，开设新型建筑工业化相关课程和专业，创新人才培养模式，为建筑业提供专业人才保障。各高等院校、科研院所、行业龙头企业等相关企事业单位和行业协会要充分发挥学会作用，依托示范项目，开展新型建筑工业化的政策宣贯、技术指导、成果交流、示范推广。政府可以通过培育打造世界建造业大会开放合作平台，办好新型建筑工业化主题展会，加强国内外沟通交流，营造健康发展的良好环境。

四、推广绿色金融，加强信贷支持

金融机构可以将星级绿色建筑、A级及以上装配式建筑、高品质绿色建造等工程项目及相关企业纳入绿色信贷、绿色债券重点支持范围，在依法依规、风险可控的前提下，开辟绿色通道，给予阶梯式、差异化利率优惠，可优先配置信贷资源。政府可以鼓励市州在不新增隐性债务的前提下设立专项基金，引导保险机构提供绿色建筑质量保证保险服务。在引导消费方面，政府可以对购买装配式建筑、星级绿色建筑、高品质绿色建造的商品房，在不超过公积金贷款额度最高限额情况下，公积金贷款额度上浮一定比例。对于有资金需求、符合条件的农村装配式自建房业主给予信贷支持，具体比例及要求由各地结合实际与各商业银行确定。

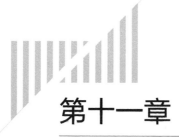

第十一章

基于税收视角的湖南
上市企业发展研究

第一节 中部地区上市公司发展现状

一、中部六省上市公司基本情况

（一）上市公司数量情况

在各地政府对企业上市工作的大力推动下，中部六省A股上市公司数量稳定增加。2019年至2023年，安徽省A股上市公司总数从107家增长至175家，新增68家上市企业，总数及增速均居中部六省第1位。湖北省A股上市公司总数从103家增长至147家，新上市44家企业，总数及增速均仅次于安徽省。湖南省A股上市公司总数从108家增长至146家，其中主板87家，科创板16家，创业板38家，北交所5家，上市公司数量跃升至全国第11位，位居中部六省第3位。河南省A股上市公司总数从77家增长至110家。山西省A股上市公司总数从36家增长至41家。具体情况见表11-1。

表11-1 2023年中部六省上市公司板块分布情况

板块	河南		山西		湖北		安徽		江西		湖南	
	户数	总市值（亿元）	户数	总市值（亿元）	户数	总市值（亿元）	户数	总市值（亿元）	户数	总市值（亿元）	户数	总市值（亿元）
主板	65	12933	34	9059	85	10018	104	13295	55	5805	87	7967
科创板	5	207	0	0	14	665	24	1593	6	1073	16	1656
创业板	28	1351	4	103	38	2069	39	3371	24	1231	38	4746
北交所	12	140	3	173	10	98	8	67	3	27	5	47
合计	110	14630	41	9335	147	12849	175	18325	88	8136	146	14416

（二）总体融资状况

2023 年，安徽省上市公司总市值合计为 18324.83 亿元，总股本合计为 1574.50 亿股，营业收入合计 14724.01 亿元，累计创造净利润 808.28 亿元，均为中部五省第 1 位。河南省上市公司总市值为 14630.01，累计创造净利润 582.94 亿元，在中部五省排名第 2。湖南省上市公司总市值合计为 14415.69 亿元，居中部五省第 3 位，总股本合计为 1437.82 亿股，营业收入合计 9249.45 亿元，累计创造净利润 521.84 亿元，除营业收入外均为中部五省第 3 位。江西省营业收入为 11598.26 亿元，中部五省第 2 高，其他均为末位。具体情况见表 11-2（缺山西省数据）。

表 11-2　2023 年中部五省上市公司融资情况

省份	总市值（亿元）	总股本（亿股）	营业收入（亿元）	净利润（亿元）
安徽	18324.83	1574.50	14724.01	808.28
河南	14630.01	1337.69	9772.11	582.94
湖北	12849.48	1432.81	10002.17	398.10
湖南	14415.69	1437.82	9249.45	521.84
江西	8135.76	813.29	11598.26	396.96

（三）区域分布情况

从区域分布看，中部六省上市公司均集中在几个主要城市。截至 2023 年底，安徽省上市公司主要聚集在合肥市（80 家）、芜湖市（19 家）、铜陵市（11 家）、蚌埠市（9 家）、滁州市（9 家），占全省上市公司总数（175 家）的 73.14％，其余 47 户分布在省内其他 17 个城市，其中 4 个城市各仅有 1 家上市企业。湖北省上市公司主要聚集在武汉市（79 家）、襄阳市（11 家）、宜昌市（11 家）、荆州市（10 家），占全省上市公司总数（147 家）的 75.51％，其余 36 户分布在省内其他 18 个城市，其中 10 个城市各仅有 1 家上市企业。湖南省上市公司数量位居前四的城市为长沙市、株洲市、浏阳市、湘潭市，分别有 74 家、10 家、9 家、8 家，四个城市的上市公司总数量占当期全省总数 146 户的 69.18%，剩下的 45 户分布在湖南省其他 14 个城市，其中 8 个城市各仅有 1 家上市企业。河南省上市公司主要聚集在郑州市（34 家）、洛阳市（14 家）、南阳市（7家）、新乡市（7 家），占全省上市公司总数（110 家）的 56.36%，其余 48 户分布在省内其他 19 个城市，其中 9 个城市各仅有 1 家上市企业。江西省上市公司主要聚集在南昌市（33 家）、赣州市（13 家）、上饶市（8 家）、新余市（5 家）、吉安市（5 家），占全省上市公司总数（88 家）的 72.73%，其余 24 户分布在省内其他 11 个城市，其中 5 个城市各仅有 1 家上市企业。山西省上市公司主要聚集在太原市（19 家）、运城市（4 家）、长治市（4 家），占全省上市公司总数（41 家）的 65.85%，其余 14 户分布在省内其他 8 个城市，其中 4 个城市各仅有 1 家上市企业。

（四）上市公司税收情况

2019 年至 2023 年，中部六省上市公司入库税费均增长明显。山西省 A 股上市公司入库总税费由 2019 年的 454.15 亿元上升到 2023 年的 798.34 亿元，增加 344.19 亿元，增长 75.79%。河南省 A 股上市公司入库总税费由 2019 年的 358.05 亿元上升到 2023 年的 543.41 亿元，增加 185.36 亿元，增长51.77%。湖南省 A 股上市公司入库总税费由 2019 年的 331.59 亿元上升到2023 年的 429.93 亿元，增加 98.34 亿元，增长 29.66%。江西省 A 股上市公司入库总税费由 2019 年的 203.25 亿元上升到 2023 年的 298.26 亿元，增加95.01 亿元，增长 46.75%。湖北省 A 股上市公司入库总税费由 2019 年的371.47 亿元上升到 2023 年的 451.00 亿元，增加 79.53 亿元，增长 21.41%。安徽省 A 股上市公司入库总税费由 2019 年的 624.06 亿元上升到 2023 年的693.10 亿元，增加 69.04 亿元，增长 11.06%。具体情况见表 11-3。

表 11-3　2019 年、2023 年中部六省 A 股上市公司入库税费情况

省份	2019 年(亿元)	2023 年(亿元)	增减额(亿元)	幅度
安徽	624.06	693.10	69.04	11.06％
河南	358.05	543.41	185.36	51.77％
湖北	371.47	451.00	79.53	21.41％
湖南	331.59	429.93	98.34	29.66％
江西	203.25	298.26	95.01	46.75％
山西	454.15	798.34	344.19	75.79％

（五）上市公司营收情况

2019 年至 2023 年，中部六省上市公司营业收入均增长显著。安徽省 A 股上市公司营业收入由 2019 年的 10263.82 亿元增长到 2023 年的 14724.01 亿元，增加 4460.19 亿元，增长 43.46％，2019 年至 2023 年五年营业收入均为中部六省第 1，增长额为中部六省第 2。江西省 A 股上市公司营业收入由 2019 年的 6292.48 亿元增长到 2023 年的 11598.26 亿元，增加 5305.78 亿元，增长 84.32％，增长额和增长幅度为中部六省第 1。河南省 A 股上市公司营业收入由 2019 年的 5636.63 亿元增长到 2023 年的 9772.11 亿元，增加 4135.48 亿元，增长 73.37％，增长额为中部六省第 3。湖南省 A 股上市公司营业收入由 2019 年的 6153.44 亿元增长到 2023 年的 9249.45 亿元，增加 3096.01 亿元，增长 50.31％。湖北省 A 股上市公司营业收入由 2019 年的 7841.87 亿元增长到 2023 年的 10002.17 亿元，增加 2160.30 亿元，增长 27.55％。山西省 A 股上市公司营业收入由 2019 年的 4651.35 亿元增长到 2023 年的 6001.93 亿元，增加 1350.58 亿元，增长 29.04％。具体情况见表 11-4。

表 11-4 2019 年、2023 年中部六省 A 股上市公司营收情况

省份	2019 年(亿元)	2023 年(亿元)	增减额(亿元)	幅度
安徽	10263.82	14724.01	4460.19	43.46%
河南	5636.63	9772.11	4135.48	73.37%
湖北	7841.87	10002.17	2160.30	27.55%
湖南	6153.44	9249.45	3096.01	50.31%
江西	6292.48	11598.26	5305.78	84.32%
山西	4651.35	6001.93	1350.58	29.04%

二、湖南省上市公司分布特点

(一)从区域分布看,上市公司集中在长株潭

截至 2023 年底,湖南省上市公司数量位居前三的城市为长沙市(含浏阳市)、株洲市、湘潭市,分别有 83 家、10 家、8 家,三个城市的上市公司总数量占当期全省总数 146 户的 69.18%,剩下的 45 户分布在湖南省其他 14 个市州,其中 8 个市州各仅有 1 家上市企业,上市公司主要集中在长株潭地区,而怀化、张家界、湘西均只有 1 家上市公司。

(二)从行业分布看,上市公司集中在制造业

从行业分布来看,在上市公司数量上,湖南省上市公司集中分布在制造业(主要为医药制造业、专用设备制造、计算机、通信和其他电子设备制造业等),批发和零售业,信息传输、软件和信息技术服务业等行业,三大行业共有上市公司 116 家,占总数的 79.45%。其中,制造业 98 家,占总数的 67.12%;批发和零售业 11 家,占比 7.53%;信息传输、软件和信息技术服务业 7 家,占比 4.79%。在总市值上,湖南省上市公司总市值排名前三的行业分别为制造业(主要为计算机、通信和其他电子设备制造业,专用设备制造等,共占比 61%)、金融业(占比 9%)、卫生和社会工作(占比 8%)。

　　就行业税收情况来看，2023 年，上市公司税收排名前十的行业分别为黑色金属冶炼和压延加工业，专用设备制造业，计算机、通信和其他电子设备制造业，货币金融服务，其他金融业，零售业，医药制造业，铁路、船舶、航空航天和其他运输设备制造业，电气机械和器材制造业，非金属矿物制品业共计 61 家。其中，第一大税源行业是黑色金属冶炼和压延加工业，2023 年入库税费 51.89 亿元，同比减少 6.17 亿元，行业入库税收占上市公司总体税收比重的 12.07%；2023 年，排名前十行业的上市公司累计营业收入和入库税费分别为 9249.45 亿元和 429.93 亿元，营业收入同比增收 276.43 亿元，增长 3.08%，税收收入同比减少 4.79 亿元，下降 1.10%。湖南省排名前十行业上市公司入库税费占上市公司总体税费比重一直较大，2023 年排名前十行业的 61 家上市公司这一比重达 70.50%。具体情况见表 11-5。

表 11-5　2023 年湖南省上市公司税收前十名行业情况

序号	行业	户数	营业收入		入库税费		占上市公司税收累计比重
			总收入（亿元）	同比增减额（亿元）	总税费（亿元）	同比增减额（亿元）	
1	制造业——黑色金属冶炼和压延加工业	1	1638.97	−42.02	51.89	−6.17	12.07%
2	制造业——专用设备制造业	10	856.67	60.53	46.60	0.88	10.84%
3	制造业——计算机、通信和其他电子设备制造业	10	1302.34	91.83	42.25	−1.53	9.83%
4	金融业——货币金融服务	1	248.03	19.35	37.57	−2.74	8.74%
5	金融业——其他金融业	2	13.27	4.44	27.70	−8.98	6.44%
6	批发和零售业——零售业	8	616.90	−0.17	27.48	3.99	6.39%

续表

序号	行业	户数	营业收入		入库税费		占上市公司税收累计比重
			总收入（亿元）	同比增减额（亿元）	总税费（亿元）	同比增减额（亿元）	
7	制造业——医药制造业	11	180.65	−55.32	20.74	−0.57	4.82%
8	制造业——铁路、船舶、航空航天和其他运输设备制造业	3	238.44	37.22	18.73	1.16	4.36%
9	制造业——电气机械和器材制造业	10	472.66	−40.08	17.07	1.66	3.97%
10	制造业——非金属矿物制品业	5	194.25	20.82	13.08	−1.35	3.04%

第二节　湖南上市公司发展面临的挑战

一、行业结构总体欠优

近年来，湖南省委、省政府大力鼓励、培育、扶持优秀企业上市，充分利用资本市场为全省经济建设服务，为湖南实体经济发展源源不断地注入新鲜血液。从行业分布看，湖南省上市公司较零散地分布在 50 个行业，大多数行业上市公司数量较少，行业集中程度不高，产业链条不够完整，规模效应不显著，没有形成明显的行业群体优势；就总体规模来看，湖南省 A 股上市公司 2023 年营业收入、入库税收比 2019 年分别增加 3693.42 亿元和 98.34 亿元，增长 50.31% 和 29.66%，总利润增加 210.43 亿元，增长 67.57%；从户均情况来看，2019 年至 2023 年，湖南省 A 股上市公司户均营业收入由 51.44 亿元上升至 63.35 亿元，增加 11.91 亿元，增长 23.15％；户均入库税额由 3.07 亿元减少到 2.94 亿元，减少 0.96 亿元，减少 4.23％（具体数据见表 11-6）。2019 年至 2023 年，湖南省 GDP 从 3.99 万亿元上升到 5.00 万亿元，增长 25.31％，上市公司营业收入占 GDP 比重由 13.93％升至 18.50％，2023 年上市公司总营业收入和总利润规模都增长较大，在一定程度上反映出湖南省经济发展态势，但入库税收增长并不明显，导致这种情况的可能原因如下。

一是湖南省大规模上市公司主要集中在黑色金属冶炼和压延加工业、专用设备制造业等传统行业，受国际经济形势下行及国内产业结构调整影响，近年来这些行业盈利和税收创造能力普遍不高，部分行业甚至呈下行态势。如，2023 年，黑色金属冶炼和压延加工业入库税收占上市公司入库税收比重达 12.07％，但该行业营业收入同比减少 42.02 亿元，减少幅度达 2.50％，入库税收减少 6.17 亿元，下降 10.62％左右。

二是上市公司普遍具有较好的税收筹划能力，加之总部经济特征明显，子公司众多，受区域税收竞争影响，上市公司有可能通过关联交易等形式在财政返还比例高的地方多缴税以获得更多的地方财政补贴，从而导致在湖南省内缴纳税收不理想。

表 11-6　2019—2023 年湖南省上市公司经济税收情况表

年度	户数	地区 GDP（万亿元）	营业收入（亿元）	总利润（亿元）	入库税收（亿元）	户均营业收入（亿元）	户均入库税额（亿元）
2019	108	3.99	5556.03	311.41	331.59	51.44	3.07
2020	119	4.15	6388.50	490.90	319.84	53.68	2.69
2021	133	4.57	8194.96	571.96	404.70	61.62	3.04
2022	139	4.87	8508.45	498.29	412.92	61.21	2.97
2023	146	5.00	9249.45	521.84	429.93	63.35	2.94

目前湖南省上市公司主要集中在以制造业为主的第二产业，该产业集中了

71.23％的上市公司，其中从事制造业生产的上市公司为 98 家，占湖南省上市公司总量的 67.12％；其次是以批发零售、社会服务及传播文化为主的第三产业，该产业上市公司合计 34 家，所占比例约为 23.28％；第一产业有关的上市公司数量最少，只有 4 家。综上所述，湖南省在第一产业农业和第三产业服务业中上市公司所占比例小，第二产业工业中上市公司所占比例大。未来湖南省在第一产业农业和第三产业服务业方面培育上市公司有很大的提升空间。

二、投资意愿和创新发展能力不强

湖南省上市公司研发费用方面，2019 年研发费用为 151.49 亿元，2023 年为 321.73 亿元，增加 170.24 亿元，增长 112.37％，增长幅度较大。2019 年至 2023 年个别行业研发投入减少较明显，信息传输、软件和信息技术服务业的研发费用减少 2.17 亿元，减少幅度达 52％，另有渔业研发费用减少 86.34％，教育业减少 62.13％，广播、电视、电影和影视录音制作业减少 31.84％，电力、热力、燃气及水生产和供应业减少 22.30％，科技推广和应用服务业减少 19.00％，纺织业减少 12.85％，有色金属冶炼和压延加工业减少 2.96％。这一定程度上反映出湖南省内上市公司产品创新后劲不足，高技术增加值产品比重仍需进一步提升。

三、经营两极分化

湖南省上市公司经营两极分化的特征十分明显。以 2023 年为例，湖南省上市公司营业收入实现同比增长的有 80 家，占全省上市公司数量的 54.79％；营业利润实现同比增长的有 70 家，占 47.95％。长沙银行、华菱湘钢等营业利润排名前 10 的上市公司实现营业利润合计达 425.02 亿元，而营业利润排名后 10 位的唐人神、步步高等上市公司实现净利润合计为 94.80 亿元，营业利润亏损的有 42 家，两极分化状态较明显。

第三节　壮大湖南上市公司的建议

党的二十大报告指出："高质量发展是全面建设社会主义现代化国家的首要任务。……我们要坚持以推动高质量发展为主题，把实施扩大内需战略同深化供给侧结构性改革有机结合起来，增强国内大循环内生动力和可靠性，提升国际循环质量和水平，加快建设现代化经济体系，着力提高全要素生产率，着力提升产业链供应链韧性和安全水平，着力推进城乡融合和区域协调发展，推动经济实现质的有效提升和量的合理增长。"

一、营造良好的上市环境，帮助上市公司做大做强

政府部门要积极争取国务院和证监会支持，着力建设融管理部门、企业、券商、会计师事务所等为一体的上市扶持制度，为企业上市铺路助力；要结合湖南省"一带一部"区域特色，立足"三高四新"发展战略，进一步落实"放管服"改革，加大对没有上市公司地区的政策倾斜和支持力度，利用国家 IPO 扶贫政策，通过企业向欠发达地区转移方式优先上市，进一步释放上市公司的边际效应和带头效应。

二、推动产业升级转型，实现产业群体突破

在世界产业分工进入更高级水平的背景下，许多发展中国家产业仍旧处于世界产业链靠近底端的位置，这种尴尬的局面将使得发展中国家面临"丰收贫困"陷阱，要脱离这种"丰收贫困"陷阱，就必须进行产业化升级。就湖南省具体情况来看，要通过各种方式将高端设备制造业打造成具有市场竞争力的机械产业链，并促进产业链条向更高附加值区域移动，实现产业升级转型，形成有

规模有梯次的产业结构群，带动本地区其他产业进行群体突破。要立足产业优势，打造创新平台，组建若干个由政府领导，企业、科研机构和高等院校参与的关键技术创新联盟，重点解决影响核心零部件(元器件)产品性能和稳定性的关键共性技术。通过政府引导、资金扶持、优化服务等措施，积极培育先进装备制造、新能源、新材料、电子信息、节能环保等战略性新兴产业，运用新技术、新业态全面改造提升传统产业，增加产品附加值，加大新产品科研投入，逐步从全产业链的一个环节向生产、研发、物流、交易一体化转变，做大做强优势产业链，不断增强产业综合竞争力。

三、充分发挥税收政策指引功能，鼓励企业转型升级

政府部门要增强财政政策的指引效应，统筹财力，精准补贴，以落实各项税收优惠政策为中心，扎实做好研发费用加计扣除、留抵退税等减税降费税收政策落地工作，在现有基础上提高税收贡献度大的企业税收返还比例，追加研发费用政策补贴，重点加大对医药制造业，专用设备制造业，通用设备制造业、计算机、通信和其他电子设备制造业等研发占比高、研发依赖性强的行业的创新基金扶持力度，为上市公司保持研发支出的平稳增长提供政策支持。要打造湖南省信用大数据库，积极探索"互联网＋大数据＋金融＋税务"平台服务新模式，充分利用现有的银税贷系统，为企业高效便捷融资提供信用数据支撑，有效缓解上市公司的信用担保瓶颈，节约上市公司融资成本，进一步推动依法诚信纳税良好氛围的形成。

四、打造多方税收共治格局，提升税源管控能力

规范的税收管理制度和良性的税收管理环境是地方经济和财税持续发展的基础，政府各部门要支持税务机关对上市公司的税收执法，持续深化拓展税收数据共享、制约税收失信、激励税收诚信的综合治税格局。

　　一是建立省政府主导下的各职能部门共同参与的互联网税收信息情报共享平台，明确部门责任，对税收信息共享的范围、时限、频次、格式加以细化，并将其纳入地方政府绩效考核，提高全省涉税数据信息整合力度。

　　二是建立全省范围内的税务、工商、证监会等有关部门联合的税收综合治理合作机制，重点加强对股权转让、研发费用加计扣除等税收风险高的交易环节的风险监控，完善上市公司股东信息披露制度，规范股权投资成本的审核，加强对关联交易的监控，避免其通过资产重组和利润转移逃避税款，涉及上市公司重组时，应要求其拿出整体的税收贡献方案，以避免部分企业利用重组转移税收。

　　三是加强联合激励惩戒工作，弘扬法治意识，将税收诚信与资格评定、财政补贴挂钩，对故意隐匿和转移资产、假倒闭、假破产等恶意逃废债行为的企业和个人列入税收"黑名单"，严格实施税收监管，多举措提升上市公司税收遵从度。

第十二章

促进湖南民营经济高质量发展的对策建议

民营经济是推进中国式现代化的生力军，是高质量发展的重要基础，是推动我国全面建成社会主义现代化强国、实现第二个百年奋斗目标的重要力量。党的二十届三中全会强调："要毫不动摇鼓励、支持、引导非公有制经济发展，保证各种所有制经济依法平等使用生产要素、公平参与市场竞争、同等受到法律保护，促进各种所有制经济优势互补、共同发展。"为全面落实湖南"三高四新"美好蓝图，打好"发展六仗"，进一步推动湖南民营经济高质量发展，本章结合湖南实际提出以下建议。

第一节　改善湖南民营经济的发展环境

一、消除市场准入障碍

构建高水平的社会主义市场经济体制，持续优化公平、透明、可预期的发展环境，以激发民营企业的活力。政府不得以备案、注册、年检、认定、认证、指定要求设立分公司等形式，设定或变相设定准入障碍。要严格实施市场准入负面清单制度和公平竞争审查制度。严格落实"全国一张清单"管理模式，严禁各地区、各部门自行发布具有市场准入性质的负面清单。未经公平竞争不得授予经营者特许经营权，不得限定经营、购买、使用特定经营者提供的商品和服务，不得违法设定与招标采购项目具体特点和实际需要不相适应的资格、技术、商务条件等，不得违法限定投标人所在地、组织形式、所有制形式，或者设定其他不合理的条件以排斥、限制经营者参与投标采购活动。规范行政审批和许可的前置条件与标准，严禁将现有或已取消的行政审批事项转为中介服务，且在没有法律依据的情况下，不得要求企业进行自行检测、检验或提供证明等。

二、实施公平竞争政策

强化竞争政策的基础地位，健全公平竞争的制度框架与实施机制，确保对所有类型的企业一视同仁。加强对滥用行政权力的反垄断执法，及时清理地方保护和市场分割等妨碍公平竞争的政策。全面推广涉企执法的扫码留痕管理和"双随机、一公开"的监管模式，合理确定抽查比例与频次，以减少多头、重复执法。全面推广涉企柔性执法，对初次违法且危害后果轻微并及时改正的，依法不予行政处罚；对符合从轻减轻行政处罚条件的，从轻减轻处罚。开展涉企行政执法突出问题专项整治行动，重点整治监管执法中不作为、慢作为、乱作为和过度执法、逐利执法、以罚代管等问题。开展年度全省市场主体满意度调查，疏通解决企业反映的堵点难点，真正做到"有求必应、无事不扰"。

三、健全社会信用激励与约束机制

构建覆盖各类主体、制度规则统一、共建共享共用的社会信用体系，推广信用承诺制度，将履约践诺情况纳入相关主体的信用记录。通过信用激励机制提升信用良好企业的获得感，同时对失信行为依法依规进行惩戒，完善信用修复机制，建立失信企业信用修复提醒机制，引导符合条件的市场主体及时开展信用修复。完善政府诚信履约机制，建立健全政务失信记录和惩戒制度，将机关、事业单位的违约毁约、拖欠账款、拒不履行司法裁判等失信信息，纳入省信用信息共享平台，并推送纳入全国信用信息共享平台，及时推动督查整治。

四、完善支持政策直达快享机制

充分发挥财政资金直达机制的作用，确保涉企资金的快速到位。加大涉企补贴资金的公开力度，接受社会监督。针对中小微民营企业和个体工商户建立支持政策的"免申即享"机制，采用告知承诺制，减少提供重复材料。加强针对民营企业和个体工商户的政策发布和解读，引导企业的理解和运用。支持政府部门邀请优秀企业家参与咨询，发挥其在政策、规划和标准制定及评估中的作用。

五、支持"走出去""引进来"

对经认定的对外投资合作重点培育项目、符合湖南省对外投资合作资金申报要求的"走出去"企业给予支持。对"一带一路"重大项目等给予支持。鼓励支持规模较大、实力较强的民营企业率先在共建"一带一路"国家和地区、《区域全面经济伙伴关系协定》（RCEP）成员国家开展海外业务或设立分支机构。建立重点企业联系机制，优化前置管理，使企业境外投资备案全部可通过线上完成。推进"湘商回归"工作，持续办好全球湘商大会，建设全球湘商联盟，全力支持湘商站前台、唱主角、挑大梁。建好湘商数据库，建立跟踪服务长效机制，做实做好"情暖湘商"系列行动。优化电子税务局、国际贸易"单一窗口"服务功能，推行出口退税发票及出口报关单信息"免填报"。

六、构建亲清统一的新型政商关系

一方面，政府部门要围绕建设服务型政府，积极转变职能、提升服务效能，为企业提供高效便捷的政务服务。加强行政审批网上中介服务超市运行管理，编制、公布行政审批中介服务事项清单。全面推行"湘易办"超级移动端惠企便民服务，让企业"一键登录、一网通办、一次办好"。全面推进涉企审批服务"一照通"改革，不断优化完善"涉企一件事"，为民营企业提供广泛深入的全生命周期集成化办理服务。另一方面，要建立健全常态化沟通渠道，切实倾听企业心声、解决企业诉求。设立"营商环境监测点"等，持续推进优化营商环境行动计划，更好团结、引导、服务民营企业和民营企业家守法经营、创业创新。建立健全容错纠错机制，鼓励党政领导干部和公职人员在服务民营经济的过程中放下包袱、担当尽责，营造既亲又清、规范有序、良性互动的政商交往氛围。

第二节　加强对民营企业发展的法治保障

一、依法保护民营企业产权和企业家合法权益

健全法治环境，确保对各种所有制经济的平等保护，以营造良好、稳定的民营经济发展预期。防止和纠正利用行政或刑事手段干预经济纠纷，规范涉产权强制性措施，最大限度减少侦查办案对企业正常运营的影响。加大对诉前保全、诉讼保全的司法审查力度，严格规范被查封主体范围，严格审查担保主体资质，避免超权限、超范围、超数额、超时限查封扣押冻结财产。充分考虑涉诉企业经营范围和所处行业特殊性，依法妥善运用"活封活扣"措施。贯彻落实宽严相济刑事政策，依法审慎采取人身和财产强制措施。规范跨区域涉企案件办理协作程序。建立部门联动的舆情应急处置机制，健全相关举报机制，降低企业维权成本。依法处理非法侵害民营企业家名誉权、肖像权等人格权案件和财产权案件，保障民营企业家合法权益不受侵犯。

二、持续完善知识产权保护体系

加大知识产权司法保护力度，严格落实知识产权侵权的惩罚性赔偿和行为保全制度，遏制知识产权侵权行为。加大对专精特新中小企业关键核心技术和原始创新成果的司法保护力度，依法打击侵犯知识产权违法犯罪行为，强化商业秘密保护。探索建立海外知识产权纠纷应对指导机制，打造海外知识产权维权综合服务体系。建立知识产权侵权和行政非诉执行的快速处理机制，健全知识产权法院跨区域管辖制度。研究商业改进、文化创意等创新成果的知识产权

保护办法，严厉打击侵犯商业秘密、仿冒混淆等不正当竞争行为，以及恶意抢注商标的违法行为。加大对侵犯知识产权的违法犯罪行为的刑事打击力度。

三、完善对民营企业的监管执法体系

加强监管标准化、规范化建设，依法公开监管标准和规则，增强监管制度和政策的稳定性及可预期性。提高监管的公平性、规范性和简约性，杜绝选择性执法和让民营企业"自证清白"的监管方式。鼓励跨行政区域联合发布统一的监管政策法规及标准规范，开展联动执法。按照教育与处罚相结合的原则，推行告知、提醒、劝导等执法方式，对初次违法且后果轻微并及时改正的行为依法不予行政处罚。

开展清理拖欠账款专项行动。对已经进入破产程序但具有挽救价值的民营企业，积极引导通过破产重整、破产和解等程序解决企业债务危机，公平有序清偿相应债权。强化府院联动，保障破产程序依法规范推进。完善破产管理人制度，强化管理人依法履职责任，提高市场重组、出清的质量和效率。

四、建立健全民营企业防范和治理腐败机制

健全涉企收费目录清单制度，进行常态化公示，接受企业和社会的监督。畅通涉企违规收费投诉举报渠道，建立问题线索受理部门共享和转办机制。综合运用市场监管、行业监管、信用监管等手段实施联合惩戒，公开曝光违规收费的典型案例。畅通涉民企案件"绿色通道"。推动涉民企案件接访、受理、审查、移送快速办理。针对民营企业反映突出、影响民营企业正常运营的涉及立案监督、羁押必要性、财产处理、办案超期、结果不服等方面问题，建立完善问题线索快速处理办结机制。建立民营企业防范和治理腐败机制。依法加大对民营企业工作人员特别是高管、财务、采购、销售、技术等关键岗位人员职务侵占、挪用资金、受贿等腐败行为惩处力度。推动健全涉案财物追缴处置机

制，为涉案民营企业挽回损失。深化涉案企业合规改革，推动民营企业合规守法经营。

第三节　强化各种要素支撑

一、加大对民营企业的融资支持

制定和实施各种支持民营企业的政策，确保政策执行的有效性和协调性，及时回应企业的关切和利益诉求，解决实际困难。建立银行、保险、担保、券商等多方参与的市场化融资风险分担机制。健全中小微企业和个体工商户的信用评级和评价体系，支持符合条件的民营企业在债券市场发债融资。鼓励符合条件的民营企业发行科技创新公司债券，推动债券融资专项支持计划的扩大和增信力度的提升。支持符合条件的民营企业上市融资和再融资。推动降低民营企业贷款成本，合理提高新增贷款中民营经济贷款占比，加大民营企业首贷、信用贷、中长期贷款投放力度，积极推广无还本续贷、线上贷款、随借随还贷款等。完善政府性融资担保体系，稳步降低担保费率、提高担保倍数。发挥政府产业基金作用。大力实施"湘信贷"融资惠企行动，加快湖南省企业融资综合信用服务平台与银行业务系统直连，实现预授信联合建模、信用贷款全流程线上办理。规范发展供应链金融，深入实施"一链一策一批"中小微企业融资促进行动，稳步扩大动产抵质押融资试点。推进科技型企业知识价值信用贷款。

二、强化人才和用工需求保障

畅通人才向民营企业的流动渠道，建立人事管理、档案管理和社会保障的接续政策机制。搭建民营企业、个体工商户与劳动者的求职信息对接平台。推进校企合作和产教融合，建设民营经济产业工人队伍，优化职业发展环境。坚持依法保护劳动者合法权益和促进企业稳定有序发展相结合，严厉打击破坏企业用工环境的行为，构建和谐劳动关系。加强灵活就业和新就业形态劳动者的权益保障，发挥平台企业在扩大就业方面的作用。对民营企业引进两院院士、国家级科技领军人才，实行"一人一策"，给予综合支持。提供订单式、定岗、定向职业技能培训，对补贴目录内的各类职业技能培训按规定给予职业培训补贴。开展"湘产专场"产业人才职称评审工作，按规定适当放宽民营企业产业专技人才职称申报限制。完善民营企业职称评审办法，确保评审标准以市场评价为导向。向符合条件的社会组织下放职称评审权限，对民营企业专业技术人才实行单独分组、单独评审。

三、优化用地供给

推行产业园区企业投资项目"用地清单制＋告知承诺制"和"五即"供地模式改革，简化优化供地流程。探索实行产业链供地，对产业链关键环节涉及的多宗用地，可实现整体规划供应或整体规划分期供应。鼓励民营企业参与旧工业区改造，允许民营中小企业联合参与工业用地招拍挂。

四、降低企业运营成本

清理取消供水、供电、供气环节的不合理收费，实施水电气接入工程投资界面延伸工作。优化水电气网等公用事业服务，明确接入标准，简化接入审批流程，加快实现全程网上办理，在线并联办理。

五、支持提升科技创新能力

鼓励企业加大研发投入，开展关键核心技术攻关，鼓励高校、科研院所按照"先使用后付费"方式把科技成果许可给中小微企业。在条件允许的情况下，向民营企业进一步开放国家重大科研基础设施和大型科研仪器，支持民营企业参与重大科创平台建设、主动牵头或参与国家科技攻关任务，承担国家重大科技项目。培育科技领军企业，支持关键行业的民营科技企业和专精特新中小企业的发展。加强政府采购和创新支持，加大对创新产品的政府采购力度，支持产品迭代应用。鼓励企业与科研机构合作，设立研发中心、产业研究院等平台，推动基础性研究和成果转化。支持民营企业参与科技计划项目指南编制和重大科技项目设计。支持科技领军民营企业与政府建立省自然科学基金联合基金。支持民营企业联合有关高校、科研院所组建一批国家级和省级技术创新中心、工程技术研究中心、工程研究中心、企业技术中心、博士后科研工作站等研发平台。对新获批民营企业牵头组建的全国（国家）重点实验室、国家工程研究中心、国家技术创新中心、国家制造业创新中心、国家产业创新中心等，给予重点资金支持。落实好国产"首台套、首批次、首版次、首轮次、首套件"产品奖励政策，对民营企业符合条件的产品给予奖励。

六、支持推动转型，加强企业管理

推动民营企业数字化转型和技术改造。鼓励企业开展数字化共性技术研发，参与新型基础设施建设。支持中小企业转型，推动低成本智能制造设备的推广应用。推进标准化建设，引导企业提升产品质量。落实《湖南省数字经济促进条例》，深入实施"智赋万企"行动。支持民营企业开展绿色低碳改造，打造一批绿色园区、绿色工厂。支持民营企业投资建设风电、光伏发电、生物质发电、新型储能、充电桩等各类能源项目，在布局规划、指标安排、资源出让、并网运营等方面对各类型企业一视同仁。支持引导民营企业积极参与绿电绿证交易、碳排放权交易、排污权交易等。支持民营企业积极适应国际贸易碳规则。

引导完善民营企业治理结构和管理制度。引导民营企业转变发展方式，推动法人治理结构的完善，规范股东行为，强化内部监督。推动企业法人财产与个人或家族财产分离，明确产权结构。研究构建风险评估体系和提示机制，提前预警可能影响运营的风险。支持企业建立覆盖各领域的全面风险管理体系，提升质量管理意识和能力。引导民营企业增强品牌意识、重视品牌建设，鼓励提高民营企业国际竞争力，将"工匠精神"融入高质量发展的实践之中，不断提高产品和服务质量，打造更多具有知名度、美誉度的国际一流品牌。

七、支持促进民间投资

强化项目供需对接。围绕基础设施、重点产业领域，国家重大工程和补短板项目、重点产业链供应链项目、完全使用者付费的特许经营项目三类项目清单，通过投资项目在线审批监管平台向社会公开，吸引民间资本参与建设。

创新民间投资方式。发挥好投贷联动机制作用，将民间投资项目前期手续办理与资金安排等信息及时与相关金融机构共享。加大前期辅导工作力度，积极推动符合条件的民间投资项目发行基础设施领域不动产投资信托基金（REITs），鼓励民营企业参与盘活国有存量资产。

优化投资审批落地流程。加大民间投资项目审批服务保障力度，在办理用地用林、环境影响评价、节能等手续时，对民间投资项目一视同仁。依托投资项目在线审批监管平台和项目推介会等，做好企业投资项目可行性研究报告编写参考大纲宣传解读，引导民营企业提高投资决策的科学性精准性。

解决民间投资实际问题。有序建立民间投资问题线索"收集—反馈—解决"闭环管理机制。完善民间投资调度机制，择优推荐民间投资增速快、占比高、活力强、措施实的市州，纳入中央预算内投资促进民间投资奖励支持专项范围。

八、营造关心、促进民营经济发展壮大的社会氛围

引导全社会客观正确全面认识民营经济。坚持实事求是、客观公正，把握

好正确舆论导向，引导社会正确认识民营经济的重大贡献和重要作用，正确看待民营经济人士通过合法合规经营获得的财富，及时回应关切、打消顾虑。加强对优秀企业家先进事迹、加快建设世界一流企业的宣传报道，凝聚崇尚创新创业正能量，增强企业家的荣誉感和社会价值感。营造鼓励创新、宽容失败的舆论环境和时代氛围，对民营经济人士合法经营中出现的失误失败给予理解、宽容、帮助。

大力弘扬优秀企业家精神。发挥优秀企业家示范带动作用，每年发布"三湘民营企业百强榜"，定期开展评选表彰活动，加大"一奖一榜"重点民营企业服务支持力度。积极宣传推介各行业标杆民营企业和优秀民营企业家，不断激发民营企业干事创业热情。探索建立民营企业社会责任评价体系和激励机制，引导民营企业自觉承担社会责任。加强青年企业家培育，凝聚年轻一代湘商力量。

参考文献

[1]郑红亮，齐宇. 党的十八大以来我国民营经济理论研究的回顾与评论[J].
中国经济问题，2024(1)：17-29.

[2]李双金. 改革开放以来中国民营经济发展的理论探索[J]. 上海经济研究，
2023(7)：53-63.

[3]张舒雯. 论习近平关于发展非公有制经济的重要论述[D]. 漳州：闽南师范
大学，2021.

[4]刘胜男. 中国共产党民营经济政策研究(1949—1976 年)[D]. 北京：首都师
范大学，2007.

[5]赵丽. 习近平关于民营经济重要论述研究[J]. 理论学刊，2020(4)：14-22.

[6]胡兴旺，赵艳清. 新阶段民营企业高质量发展路径研究[J]. 财政科学，
2022(4)：58-67，81.

[7]任晓猛，钱滔，潘士远，等. 新时代推进民营经济高质量发展：问题、思
路与举措[J]. 管理世界，2022，38(8)：40-54.

[8]乔晓楠，马飞越. 支持与规范并举：促进民营资本健康发展的政治经济学
分析[J]. 改革，2023(7)：21-34.

[9]张苑洺，刘迎秋. 开拓政治经济学中国话语新境界——中国民营经济理论
的创新发展[J]. 中国社会科学，2021(6)：77-97，205-206.

［10］郭瑞轩. 构建现代税收制度 服务经济社会发展——党的十八大以来税务部门落实税制改革举措综述［J］. 中国税务，2022(10)：31-36.

［11］廖萌. 经济高质量发展下的中国营商环境优化研究［D］. 福州：福建师范大学，2022.

［12］江名. 马克思竞争理论视域下新时代民营经济发展中制度环境问题研究［D］. 湘潭：湖南科技大学，2021.

［13］杭州市统计局课题组. 民营经济统计范围界定研究［J］. 统计科学与实践，2019(10)：4-7，25.

［14］中国宏观经济研究院经济研究所课题组，孙学工，郭春丽，等. 科学把握经济高质量发展的内涵、特点和路径［J］. 山东干部函授大学学报（理论学习），2019(10)：44.

［15］王磊. 推动民营经济高质量发展的制度创新研究［D］. 北京：中国社会科学院研究生院，2019.

［16］韦倩，杨友才. 公司治理理论评析［J］. 理论学刊，2008(3)：51-54.

后 记

  《基于税收视角的湖南民营经济高质量发展研究》的完成，凝聚了我多年来的研究心血与实践思考。作为一名长期从事财政税收与区域经济研究的研究者，我始终关注着湖南民营经济的发展动态，尤其是其在经济转型与高质量发展中的独特作用。本书的写作初衷，源于对湖南民营经济在"三高四新"战略背景下，如何突破瓶颈、实现可持续增长的深切思考。

  在研究过程中，我深刻体会到税收政策对民营经济发展的深远影响。税收不仅是国家财政的重要来源，更是调节经济、引导产业发展的关键工具。通过梳理湖南民营经济的发展历程、行业分布与区域特征，并结合中部六省的比较分析，我试图从税收数据的微观视角揭示湖南民营经济发展的优势与短板。这一过程既充满挑战，也让我对湖南民营经济的韧性与潜力有了更全面的认识。

  写作期间，我常常在数据与理论的交织中反复推敲，既有发现新规律的欣喜，也有面对复杂问题的困惑。但正是这些挑战，让我更加坚定了以学术研究服务地方经济发展的信念。希望本书能为政府部门制定政策、学者开展相关研究以及民营企业优化经营提供有价值的参考。

  本书的撰写离不开众多同仁的关怀与帮助。感谢湖南省税务局有关部门的大力支持，为研究提供了大量数据基础。感谢湖南大学出版社的编辑团队，他们的专业建议让本书更加完善。同时，也感谢长沙学院的同事们，他们的讨论与建议为本书增添了多维度的思考。最后，感谢我的家人，他们的理解与鼓励是我完成此书的坚实后盾。学术之路漫长，我将继续以严谨的态度探索经济领域的未知，为湖南乃至全国的经济发展贡献绵薄之力。

刘 静

2024 年 5 月于长沙